新教师
师德
七项修炼

徐莉浩

主编

上海教师教育丛书编委会

主　　任　王　平　尹后庆
副 主 任　李永智
编　　委　（以姓氏笔画为序）
　　　　　王　平　　王　洋　　卞松泉　　尹后庆
　　　　　宁彦锋　　朱益民　　刘　芳　　闫寒冰
　　　　　李永智　　李兴华　　杨　荣　　杨振峰
　　　　　吴　刚　　吴国平　　张　瑾　　陈　军
　　　　　陈　霞　　陈小华　　陈永明　　陈宇卿
　　　　　周增为　　恽敏霞　　袁振国　　奚晓晶
策　　划　吴国平

总　序

教育改革的步伐已经进入了关注教师发展的新阶段。不是因为课程改革已陷于制度性疲倦,不是因为评价改革终将受制于社会发展的瓶颈,也不是因为我们拥有超过千万的中小幼教师队伍,每年有数十万的青年人正在进入这个领域。课程也好,评价也罢,根本上它们都内在于教师。拥抱"教师的年代",不在于讨论有多少以教职为生计的人,而在于如何拥有师者的内在品质,值得学生效法,使自己从一名教者成长为一名真正的师者。

关注教师是国际教育改革的普遍趋势

制度化教育确立以来,课程长期占据着学校教育的中心地位。直到20世纪60年代,国际教育界才开始把视线转向教师。这是由于课程、教学、评价、管理这些学校层面的所有改革,最终都离不开教师。尽管半个世纪以来,教师职业到底算不算专业还存有不同的看法,但关于教师的专业化问题持续受到广泛关注。

中国向来具有别于西方的教育传统。中国古代教育有重教师、轻课程的传统,唯这种传统并未演化成现代意义上的教与学的机制,更未形成制度化的学校,因此循着传道授业解惑的路径发展教师素养的希冀,愿望虽好,但缺少登梯之阶,难以形成规范。近年来,随着教育国际交流的增进,尤其是上海学生在PISA项目中的表现,引来国际社会对中国教师组织化程度经验的关注,其中教研组和集体备课被认为是两大亮点。因为在西方,教师的教学行为被认为是从属于个人的专业行为,即便是同行也不得任意干预,可以想见,其结果便影响到授业与指导经验的传播。问题是,中国学校教研组的形式究竟以怎样的方式引导教师提升专业能力,尚缺乏充分的论证和公认的成果。理论上来说,一个组织如果确实发生了影响,既有可能是正面积极的,也有可能是负面消极的。教研组对于教师的影响,既未被证实也未被证伪,能否成为经验尚待科学论证。至于集体备课,不久前在上海对近8000名中小学幼儿园教师所进行的问卷调研显示:面对庞杂的课程事实和众说纷纭的教师要求,一大批成长期的教师从茫然不知所措,到随波逐流;而所谓"成熟期"的教师则顾影自怜地停留在自我经验的世界中,真正知识讲授型教师则难觅踪影。教师发展的局限已成为深化课程改革的短板,这样的局面不改变,教育质量有大滑坡的风险。

教师的成熟需要积累丰富的社会实践

在汉语中,我们把师者称为"老师",一般解释其中的"老"无义,表尊敬。其实《荀子·致士》中强调了做老师有四个条件,其中一条曰"耆艾而信,可以为师"。古人把50岁的人称为"艾",把60岁的人称为"耆",把70岁的人称为"老"。这或是"老师"称谓的早期由来。可见,年龄本是成为教师的一项先决的基本条件。只是在制度化教育出现以后,尤其是以分科为特征的知识传授成为学习的基本形式形成以来,这种年龄的限制才被取消。

古人为什么会对为师者设置年龄限制,是因为教师的职业属性是一名"杂家",这样的"杂家"不经过长期的、丰富的社会实践积累,是难以炼成的。在今人眼里,"杂家"似乎意味着专业程度低人一等。其实,无论是在古代中国还是在近代西方,强调的都是社会中的个体应具备多方面的才能。孔子所谓的"君子不器"不是在谈"杂家"吗?而马克思关于人的全面发展又何尝不是在谈"杂家"呢?及至当代,"把一个人在体力、智力、情绪、伦理各方面的因素综合起来,使他成为一个完善的人,这就是对教育基本目的的一个广义的界说"(《学会生存》)。这句话表明"杂家"较之于"专家"更近于"完善的人"。教师面对的是多姿多彩的学生,每个学生都有各自的阅历,他们的家庭、他们的生活、他们的所见所闻都不尽相同,每个学生都是一个完整的世界,每个学生又都是一个独特的世界。教师要想成为学生精神生活的指引者,自己必须是一个精神生活丰富的人。而精神生活丰富的基础就是有渊博的知识,不仅是专业知识,而且是与之相关的各方面的知识。

岗位成长已成为教师专业发展的共识

我们拥有成熟的师范教育体系，拥有完备的教师任职制度，是否就意味着我们拥有了优秀教师的培养机制？想要回答这一问题，须明了教师是师范院校培养的吗？教师资格认证制度是从教的当然资质吗？

教师知识与技能的习得途径主要有三种：一是书本阅读，二是课堂知识传授，三是实践体悟。前两种可以通过岗前培养与训练获得，后一种则需要在岗锻炼习得。这就意味着，一名真正合格的教师无法在职前培养中完成，亦无法依靠教师资格认证制度自然解决。这也可以解释为什么近年来相当数量的示范性高中多从综合性大学招收新任教师，是示范性高中教学要求低，还是这些学校无视教育的专业属性？答案显然不是。教师的专业性主要不在于"知"，而在于"行"，即一名教师在从教岗位上的实践、探索、体验、反省和觉悟。可以认为，教师是在岗位实践中自我型塑的，师范院校也好，综合性大学也罢，都不过是为一名教师从教所做的预判性准备。

所谓教学，不是教师从书本上把知识搬家一样送到学生面前，它必须融入教师自己的透彻理解，没有教师的透彻理解很难有学生的透彻理解，"以其昏昏，使人昭昭"的事在教育上是难以发生的。在教师透彻理解的基础上，还必须考虑知识传授的方法。采取什么样的方法，除了教师的个人喜好外，还涉及知识的难易程度、学生的接受程度以及教学资源的承受能力等因素，取舍之间，包蕴着非常丰富的个性化知识。一名真正的优秀教师拥有丰富的个性化知识，犹如中医问诊中的察颜把脉。这种知识无法仅仅通过书本研读和知识传授获得，需要通过实践不断揣摩，从而得到一种内化了的知识。显然，它是一种非常个人化的特殊知识，需要教师在对每个学生"辨症"施教中不断积累，其习得主要依赖于教师的个人努力。由此，可以得到一条简单而又明确的结论：帮助一名从教者，使之成为一名真正的师者。可以说，帮助数以千万计的从教者，使其早日成长为师者，这是今日中国教师教育领域的一项重大课题。

助推教师成为教育的思想者、研究者、实践者和创新者

国家兴旺,教育为本;教育优先,教师为基。持续了半个世纪的教育改革浪潮把教师发展推到了历史的前台。在当代教育的历史进程中,教师不是单纯的任务执行者,而是教育的思想者、研究者、实践者和创新者。在专业发展的路径上,教师的主体地位、精神和意识得到了时代的推崇,教师专业化发展和对教师的重新发现将对教育产生重大影响。可以说,教师问题的重要性已无须讨论,而应考虑如何实践。

新一轮课程改革呼唤着教师创造性地施行教与学的行为。吊诡的是,一大批被应试熏陶出来的青年走上讲坛,他们却被要求培养有创新能力的学生。面对变化了的教学材料和教学要求,是施教者的一脸迷茫和不知所措。英国教育家沛西·能曾说过,教师是学生学习的最大动力。问题是,迷茫中的施教者如何才能让自己成为学生学习的动力呢?

基于上述认识,由上海市师资培训中心主持,联合上海师范大学、华东师范大学以及上海教育出版社等单位,倾力研发并打造了这套"上海教师教育丛书"。本丛书由"知会书系""知新书系"和"知困书系"三部分构成,分别聚焦新教师的教学规范、校本的教师研修经验以及优秀教师的成长启示,旨在从岗位上助推有资历和创造性的教师成长,这是我们的理想和愿望。

鉴于本书系不仅是上海也是国内自改革开放以来第一次全面系统开发的教师在岗培训教材,限于能力和水平,在编写过程中尚有诸多局限和不足,乞教于方家,不吝批评指正!

上海教师教育丛书编委会
2017 年 4 月

代 序

修炼师德,当好学生健康成长的"引路人"

德者,师之魂也。习近平总书记指出,教师要做学生锤炼品格、学习知识、创新思维和奉献祖国的"引路人",要做塑造学生品格、品行、品位的"大先生"。当好"引路人"和争做"大先生",关键是要强化师德师能的修炼。

近年来,党和政府高度重视教师队伍建设。2018年,中共中央、国务院出台《关于全面深化新时代教师队伍建设改革的意见》,提出把提高教师思想政治素质和职业道德水平摆在首要位置,推动教师成为先进思想文化的传播者、党执政的坚定支持者、学生健康成长的指导者。同年,教育部印发《新时代教师职业行为十项准则》。2019年,教育部等七部门联合印发《关于加强和改进新时代师德师风建设的意见》。2020年,中共中央、国务院印发《深化新时代教育评价改革总体方案》,提出要改革教师评价,坚持把师德师风作为第一标准,推动师德师风建设常态化、长效化。上述文件都为推进新时代师德师风建设指明了方向,提供了遵循。

长期以来,上海市奉贤区将师德师风建设作为区域教育队伍建设和落实立德树人根本任务的首要工程。2011年,在全市率先推出"五不准""五提倡""五表率"师德建设机制。每年举办"为人、为师、为学"师德建设月活动,召开师德建设推进大会,选树师德标兵,表彰师德先进个人和先进集体,大力弘扬师德先进典型,持续推进师德师风建设。2020年重新修订出台了《奉贤区中小学幼儿园教师违反职业道德行为处理办法》《奉贤区教育局师德建设"五不准"实施细则》,2021年又出台了《奉贤区教育局关于加强"双减"背景下师德管理工作的通知》,以此适应教育改革发展需要,不断规范教师职业行为,提升教师师德素养,营造人人争当"四有"好教师的良好氛围。

国无德不兴,人无德不立。为人师表、师德建设既落实着立德树人根本任务,又对一个地区的思想道德建设起到引领带动作用。我们应以更高的政治站位、更深刻的教育自觉,充分认识到新时代推进师德师风建设的重要意义。

奉贤区以"敬奉贤人,见贤思齐"为内核的"贤美文化",深刻影响着区域教育和文化事业的发展。我们倡导广大教师要做明大德、守公德、严私德、尊师德的模范,要做胸怀"国之大者"、践行"贤美文化"的新时代铸魂育人的"引路人""大先生"。各学校、各教育部门要切实把师德建设作为学校教师队伍建设和办学治校的首要工程,牢固树立"教育大计,教师为本""教师发展,师德为先"的理念。

奉贤区教育学院作为推动区域教育事业发展的"智库引擎"和教师教育的"工作母机",通过发挥研究、指导、组织、协调、管理和服务等职能,在推进区域教育事业改革发展和新教师队伍建设等方面发挥了重要作用。近期,奉贤区教育学院党总支部面向新教师群体,研究编写了《新教师师德七项修炼》,希望以此为广大教师特别是新教师提供师德修炼的参考。

本书分为七章,主要从师德修养、理想信念、担当作为、修身敬业、职业规划等维度,为新教师修炼师德提供方向和参考,具有较强的指导性和操作性。从内容上看,本书富有时代感和针对性,契合教师的工作实际和专业发展乃至追求职业幸福的需要。希望本书能为学校教师师德建设发挥积极作用,希望广大教育工作者特别是新入职的教育工作者,能认真地读一读,强化师德意识,自觉加强师德修炼,不断提升自身道德素养和育人水平,做"学为人师、行为世范"的表率。同时,我也期盼各学校能用好本书,使之课程化、丰富化、实效化,切实发挥本书的作用,进一步提高师德建设水平,完善师德建设体系,全面提升教育工作者的师德素养,为造就党和人民满意的高素质、专业化、创新型教师队伍,打造中华民族"梦之队"的筑梦人作出新的贡献。

师德修炼,既要知之,更要行之,要知行合一,持之以恒,久久为功。期待广大教育工作者能从本书中得到启示,寻得路径,养成习惯,让师德修炼成为自觉,成为内化于心、外化于行的师德修养,做到以德立身,以德立学,以德施教,以德育德,成为学生健康成长的"引路人",成为塑造学生品格、品行、品位的"大先生"。

是为序。

施文龙

2022 年 10 月

CONTENTS | 目录

- 修炼一 做一名师德高尚的教师
  - 厚植爱国爱党的情怀 ...3
  - 肩负为人师表的责任 ...10
  - 增强团结协作的能力 ...18
  - 严守廉洁自律的底线 ...25

- 修炼二 做一名有理想的教师
  - 树立教育理想 ...33
  - 追随教育榜样 ...39
  - 锤炼教育本领 ...46
  - 践行教育理想 ...53

- 修炼三 做一名有担当的教师
  - 努力提升个人素养 ...61
  - 坚持锤炼职业品质 ...67
  - 乐于承担家庭责任 ...73
  - 尽心恪守社会规范 ...78

- 修炼四 做一名彬彬有礼的教师
  - 礼仪与教师礼仪 ...87
  - 教师个人礼仪 ...92
  - 教师公共礼仪 ...100
  - 教师交往礼仪 ...106

- **修炼五　做一名学生喜欢的教师**
  - 学会读懂学生 ...115
  - 学会关爱学生 ...120
  - 学会尊重学生 ...127
  - 学会赏识学生 ...134

- **修炼六　做一名幸福的教师**
  - 追求幸福的教育 ...143
  - 了解职业的现状 ...148
  - 找寻幸福的密码 ...150
  - 调节工作的压力 ...160

- **修炼七　做一名有职业规划的教师**
  - 规划先行定目标 ...167
  - 一日三省贵修行 ...177
  - 取长补短重坚持 ...183
  - 挖掘潜能敢超越 ...191

后记 ...200

修炼一

做一名师德高尚的教师

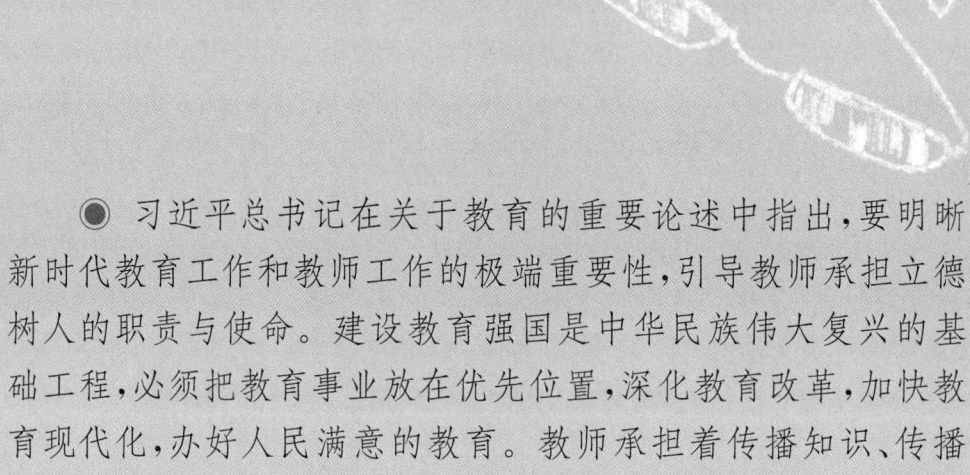

◉ 习近平总书记在关于教育的重要论述中指出,要明晰新时代教育工作和教师工作的极端重要性,引导教师承担立德树人的职责与使命。建设教育强国是中华民族伟大复兴的基础工程,必须把教育事业放在优先位置,深化教育改革,加快教育现代化,办好人民满意的教育。教师承担着传播知识、传播思想、传播真理的历史使命,肩负着塑造灵魂、塑造生命、塑造人的时代重任,是教育发展的第一资源,是国家富强、民族振兴、人民幸福的重要基石。我们要深刻理解习近平总书记对教师提出的"四有"好老师、"四个引路人""四个相统一"等师德要求,引导广大教师以德立身、以德立学、以德施教、以德育德。

厚植爱国爱党的情怀

"欲知大道,必先为史。"2021年是中国共产党成立100周年,是实施"十四五"规划、开启全面建设社会主义现代化国家新征程的第一年。开展党史学习教育,加强理论武装,是立足党的百年历史新起点、统筹中华民族伟大复兴战略全局和世界百年未有之大变局、为动员全党全国满怀信心投身全面建设社会主义现代化国家而作出的重大决策。

一、增强国家认同

作为一名教师,肩负着为党育人、为国育才的历史使命。首先,要热爱祖国并捍卫国家主权,热爱中国共产党,践行社会主义核心价值观,为实现中华民族伟大复兴的中国梦而奋斗。其次,既要有充分的国家自信,加深对道路自信、理论自信、制度自信、文化自信的理解,也要审视自身的不足,深入辨析优点和劣势,进而奋起自强。最后,在日益全球化的今天,还要审慎地看待中国与世界的关系,进一步思考自己的责任和担当。

教师是学生成长的引路人,必须要不断增强对党情、国情、民情的认识,增强国家认同,以满腔的责任感和使命感来培育祖国的未来。

(一) 加强党对教育工作的全面领导是办好教育的根本保证

中国特色社会主义制度的本质特征和最大优势是中国共产党领导,党是最高政治领导力量。习近平总书记强调,做好教育工作,加强党的领导是根本保证。教育部门和各级各类学校的党组织要增强"四个意识"、坚定"四个自信",坚决维护党中央权威和集中统一领导,自觉在政治立场、政治方向、政治原则、政治道路上同党中央保持高度一致。要坚持党管办学方向、管改革发展、管干部、管人才,牢牢掌握党对教育工作的领导权,使教育系统成为坚持党的领导的坚强阵地。习近平总书记的这些重要论述,明确了党是领导教育事业发展的核心力量,是办好中国教育的最大政治优势,强调了办好新时代中国特色社会主义教育要牢牢掌握党对教育工作的领导权这一根本要求。

(二)教育必须把培养社会主义建设者和接班人作为根本任务

习近平总书记在全国教育大会上发表的重要讲话中强调,培养什么人,是教育的首要问题。我国是中国共产党领导的社会主义国家,这就决定了我们的教育必须把培养社会主义建设者和接班人作为根本任务,培养一代又一代拥护中国共产党领导和我国社会主义制度、立志为中国特色社会主义奋斗终生的有用人才。要把立德树人的成效作为检验学校一切工作的根本标准,健全全员育人、全过程育人、全方位育人的体制机制。要在坚定理想信念上下功夫,要在厚植爱国主义情怀上下功夫,要在加强品德修养上下功夫,要在增长知识见识上下功夫,要在培养奋斗精神上下功夫,要在增强综合素质上下功夫,培养德智体美劳全面发展的社会主义建设者和接班人。习近平总书记的这些重要论述,进一步回答了新形势下"培养什么人、怎样培养人、为谁培养人"这一根本问题,明确了各级各类学校要坚持教育办学的正确政治方向、培养社会主义建设者和接班人的方向和目标。

(三)教育决定着国家长治久安,影响甚至决定着民族复兴和国家崛起

教育是国之大计、党之大计。教育兴则国家兴,教育强则国家强。习近平总书记强调,教育是功在当代、利在千秋的德政工程,对提高人民综合素质、促进人的全面发展、增强中华民族创新创造活力、实现中华民族伟大复兴具有决定性意义。要坚持把优先发展教育事业作为推动党和国家各项事业发展的重要抓手,不断使教育同党和国家事业发展要求相适应,同人民群众期待相契合,同我国综合国力和国际地位相匹配。习近平总书记的这些重要论述,站在党和国家工作全局的高度,阐明了教育的特殊地位和重要作用,作出了优先发展教育、以教育现代化支撑国家现代化、加大投资于人的力度等战略部署。新时代贯彻党的教育方针,要坚持马克思主义指导地位,贯彻新时代中国特色社会主义思想,坚持社会主义办学方向。因此,教师要让学生深刻感悟马克思主义真理力量,为学生

成长成才奠定科学的思想基础。教师要不断学习和理解社会主义核心价值体系,践行社会主义核心价值观。

二、传承中华优秀传统文化

2018年,习近平总书记在全国宣传思想工作会议上的讲话强调:中华优秀传统文化是中华民族的文化根脉,其蕴含的思想观念、人文精神、道德规范,不仅是我们中国人思想和精神的内核,对解决人类问题也有重要价值。教师要在日常的教育教学工作中,引导学生传承和弘扬中华优秀传统文化,激发学生对继承中华优秀传统文化的热情,增强文化自信,积极培育和践行社会主义核心价值观。

(一) 中华优秀传统文化的内涵

2017年,中共中央办公厅、国务院办公厅印发《关于实施中华优秀传统文化传承发展工程的意见》,对如何实施中华优秀传统文化传承发展工程作出了具体要求,将中华优秀传统文化的主要内容概括为核心思想理念、中华传统美德和中华人文精神三个层面,体现了中华优秀传统文化的当代文化价值,契合了当前培育和践行社会主义核心价值观的需要。中华优秀传统文化蕴含着中华民族的生产生活智慧,积淀着中华民族最深层的精神追求和价值取向,是中国特色社会主义植根的文化沃土,是当代中国发展的突出优势。

(二) 教师传承中华优秀传统文化的途径

1. 阅读传统文化典籍

教师要静下心来,在阅读中积淀中华优秀传统文化。例如:《中庸》是达成至高生命境界的理论与方法,如诚与明是内修外治的根本,君子慎独是修身立德的核心;《论语》中强调"学""习"与心性上的自我觉醒,如圣人、君子、士、成人的品质特点与生命成长路径,"六艺"与由艺入道的基本路径,"学思知行"的治学与育人路径。

阅读中国古代有关教育与为师之道的名篇,如《礼记·学记》《师说》《劝学》,与其他各部经典相互补充,加深和拓宽对中国古代教育思想的理解。

2. 营造文化氛围

传承与弘扬中华优秀传统文化,树立文化自信,关键在于要在日常教育教学中营造传统文化的学习环境。教师可以带领学生阅读传统文化典籍,并在日常教育教学中把握讲授传统文化的教育契机,以传统文化中优秀的精神品质激励学生品格的修炼。例如,《周易》中"天行健,君子以自强不息"的刚健有为的精神,《论语》中强调的舍生取义、见利思义、见危授命、"三军可夺帅,匹夫不可夺志"等品质,《孟子》中提出的"富贵不能淫,贫贱不能移,威武不能屈"的独立人格以及"先天下之忧而忧,后天下之乐而乐"的忧患意识。

3. 考察蕴含中华民族精神的教育基地

参观书院遗址、名人故居、历史文化纪念馆等能够展现中华民族精神的名胜古迹,感受中国传统文化的博大精深,学习中国传统文化中的教育智慧,生发民族自豪感与自信心,领悟中国传统文化天人合一、厚德载物的深远境界。例如,上海教师可以参观奉贤区曙光中学的李主一烈士纪念碑,了解奉贤的红色文化底蕴,用心去感悟先辈们舍生忘死、不屈不挠的革命献身精神。

4. 寻求中华优秀传统文化与社会主义核心价值观的内在统一

教师要深刻领会社会主义核心价值观的主要内容,汲取中华优秀传统文化的精髓,探寻社会主义核心价值观与传统文化的渊源,在教育中践行社会主义核心价值观的要求。例如,从西周初年的"敬天保民"到孟子的"民为贵,社稷次之,君为轻",再到荀子的"君者,舟也;庶人者,水也。水则载舟,水则覆舟",民本思想构成了中国古代政治思想的重要组成部分。古代"民本"的真正内涵并不是人民的利益。教师可以剔除其封建内核,从人民当家作主的角度来转化古代的民本思想,将其发展为人民利益高于一切的社会主义观念,达到中华优秀传统文化的精髓与社会主义核心价值观的内在统一。

三、具备国际视野

"十四五"时期,我国教育进入高质量发展阶段,这对教育发展提出了新要求。在这一阶段,要重新认识和系统思考,以国际视野审视教育改革,进而发展具有世界水平、中国特色的优质教育。教育改革并不是直接照搬别国经验,教师应处理好外部改革经验和自身教育改革传统的关系,寻找适合中国的道路。

(一)教师为什么要具备国际视野

国际视野在中国传统文化中有着深厚的根基:明朝东林书院的对联是"风声

雨声读书声声声入耳,家事国事天下事事事关心";《孟子》一书提到"穷则独善其身,达则兼济天下"的思想。曾火爆网络的"山川异域,风月同天""青山一道同云雨,明月何曾是两乡"等诗句,都将中国传统文化的修养身心与担当天下己任、国际视野和世界情怀完整、深刻地呈现出来。

2020年6月,教育部等八部门正式印发《关于加快和扩大新时代教育对外开放的意见》,文件中着力阐述了"提升我国教育国际影响力"这一议题。可见,随着全球化的不断深入,世界正在发生深刻而颠覆性的变革。作为具备国际视野的教师,要以培养世界公民为己任,引导学生用世界的眼光看待问题、解决问题。

(二)教师应具备何种国际视野

1. 了解改革开放的巨大成就

我国在改革开放以来的40多年间,发生了翻天覆地的巨大变化。改革开放是在中国共产党领导下进行的伟大变革,其广度深度难度之大、持续时间之长、影响之深远,在世界历史上也是罕见的。

40多年来,在改革开放的推动下,我国经济实力、综合国力进入世界前列,我国国际地位实现前所未有的提升。1978年至2021年,我国国内生产总值从1495亿美元增加到17.7万亿美元;我国经济总量从占全球1.7%提高到占比超过18%,稳居世界第二位;我国人均国内生产总值从155美元增加到12551美元,按不变价计算,增长了约80倍。如此的发展速度几乎创造了人类发展史上的奇迹。

具体来说,我国经济结构持续优化,农业基础地位显著加强,工业化快速推进,现已形成门类齐全的工业体系,成为全球第一制造业大国;铁路、公路、港口、航班、通信网络等基础设施建设突飞猛进;我国从半封闭状态转变成深度融入世界经济的全球第一货物贸易大国以及主要的引进外资大国和对外投资大国;教育、科技、文化事业有了巨大进步,科学技术成果丰硕;城乡居民生活显著改善,7亿多贫困人口实现脱贫,人民生活从解决温饱到实现总体小康,正在迈向全面小康;我国经济社会发展取得了历史性伟大成就,为实现"两个一百年"奋斗目标奠定了坚实的物质和制度基础,迎来了实现中华民族伟大复兴的光明前景。

2. 践行社会主义核心价值观

教师要紧跟时代的步伐,以智慧与勇气、责任与担当,作出适应时代需要的判断与选择。新时代教师要带头践行社会主义核心价值观,要用好课堂讲坛,用好校园阵地,用自己的行动倡导社会主义核心价值观,用自己的学识、阅历、经验点燃学生对真善美的向往,使社会主义核心价值观润物细无声地浸润学生们的心田,并转化为日常行为,增强学生的价值判断能力、价值选择能力、价值塑造能力,引领学生健康成长。

3. 领悟中国方案的深远内涵

"志合者,不以山海为远。"2015 年,习近平主席 8 次踏出国门,足迹遍布四大洲,在国外参加 9 场国际会议。在外访中,习近平主席与 62 个国家的领导人会面,就新型国际关系、"一带一路"建设、维护世界和平与发展等重要议题发表演讲。习近平主席向国际社会展现出大国风度,开拓外交新格局,深化务实合作,分享发展机遇,圆满完成了让世界印象深刻的"路演中国"。中国展现了大国友好互信的外交风范,改变了国外民众对中国的刻板印象,消除了一些曾经的误解;中国与多个国家实现发展战略对接,中国机遇和世界机遇正在相互转化中实现共赢;中国为破解提振世界经济、治理全球气候变化等世界共同面临的难题提供了"中国方案"。党的十九大以来,习近平主席的多封贺信向世界传递了人类命运共同体的理念,表达了中国和世界各国在合作抗疫、科技创新、交流合作等方面的真诚意愿,并得到了国际社会越来越多的认同。我们要学会与全世界人民共呼吸、共命运、心连心,共同护佑世界和平与人类社会发展。

4. 解读新时代中国发展的机遇和挑战

2021 年,我国开始实施"十四五"规划。"十四五"时期,我国将开启全面建设社会主义现代化国家新征程。2020 年 11 月 10 日,习近平主席在上海合作组织成员国元首理事会第二十次会议上的讲话中指出,新冠肺炎疫情加速了国际格局调整,世界进入动荡变革期。国际社会正在经历多边和单边、开放和封闭、合作和对抗的重大考验。"世界怎么了,我们怎么办"成为时代之问,各国人民对美好生活的向往更加强烈,和平、发展、合作、共赢的时代潮流不可阻挡。历史已经并将继续证明,睦邻友好必将超越以邻为壑,互利合作必将取代零和博弈,多边主义必将战胜"单边主义"。由此可见,国内外环境的深刻变化既带来了一系列新机遇,也带来了一系列新挑战,这就要求我们用辩证思维看待新机遇和新挑战。我国继续发展具有多方面优势和条件,但发展不平衡、不充分问题仍然非常突出。

全党要统筹中华民族伟大复兴的战略全局和世界百年未有之大变局,深刻认识我国社会主要矛盾变化带来的新特征和新要求,深刻认识错综复杂的国际环境带来的新机遇和新挑战,增强机遇意识和风险意识,立足社会主义初级阶段基本国情,保持战略定力,办好自己的事,认识和把握发展规律,发扬斗争精神,树立底线思维,准确识变、科学应变、主动求变,善于在危机中育先机、在变局中开新局,抓住机遇,应对挑战,趋利避害,奋勇前进。

"十三五"时期是全面建成小康社会决胜阶段,面对错综复杂的国际形势和艰巨繁重的国内改革发展稳定任务,以习近平同志为核心的党中央不忘初心、牢记使命,团结带领全党全国各族人民砥砺前行、开拓创新,奋发有为地推进党和国家各项事业。全面深化改革取得重大突破,全面依法治国取得重大进展,全面从严治党取得重大成果,国家治理体系和治理能力现代化加快推进,中国共产党领导和中国特色社会主义制度优势进一步彰显;经济实力、科技实力、综合国力跃上新的大台阶,经济运行总体平稳,经济结构持续优化,2021年国内生产总值突破114万亿元;脱贫攻坚成果举世瞩目,5575万农村贫困人口实现脱贫;粮食年产量连续5年稳定在13000亿斤以上;污染防治力度加大,生态环境明显改善;对外开放持续扩大,共建"一带一路"成果丰硕;人民生活水平显著提高,高等教育进入普及化阶段,城镇新增就业超过6000万人,建成世界上规模最大的社会保障体系,基本医疗保险覆盖超过13亿人,基本养老保险覆盖近10亿人;文化事业和文化产业繁荣发展;国防和军队建设水平大幅提升,军队组织形态实现重大变革;国家安全全面加强,社会保持和谐稳定。"十三五"规划的目标任务已完成,全面建成小康社会胜利在望,中华民族伟大复兴向前迈出了新的一大步,我国以更加雄伟的身姿屹立于世界东方。

肩负为人师表的责任

古人云:"身教重于言传。"《说文解字》中说:"教,上所施,下所效也;育,养子使作善也。"教师担负着教育的重任,必须做到正人先正己,以身立教,为人师表,以自己的模范行为去感染学生和教育学生,使学生接受你、喜欢你和效仿你,这样才会收到事半功倍的效果。

一、担当道德榜样

一个伟大的时代,总会不断涌现出一批具有卓越品格的优秀教师。一个人遇到好教师是人生的幸运,一个学校拥有好教师是学校的光荣,一个民族源源不断涌现出一批又一批好教师则是民族的希望。优秀教师以丰富的学识与高尚的品德来塑造学生的视野和人格,是学生成长过程中无可替代的"引路人"。

(一)师德政策解读

教育部印发的《新时代高校教师职业行为十项准则》《新时代中小学教师职业行为十项准则》《新时代幼儿园教师职业行为十项准则》(以下简称《准则》)对新时代教师职业道德要求作出了完整的表述,以应当做什么和不应当做什么的表达方式,从政治、法纪、文化、教育、品德五方面提出教师职业行为准则,这是教师提升自我师德修养的基本依据。

新时代教师要担当起"先进思想文化的传播者、党执政的坚定支持者、学生健康成长的指导者"等社会角色,体现自身的价值。这就要求教师做到"以德立身、以德立学、以德施教、以德育德,坚持教书与育人相统一,坚持言传与身教相统一,坚持潜心问道与关注社会相统一,坚持学术自由与学术规范相统一,争做'四有'好教师。"可见,新时代教师职业道德要求是全面而高尚的,而这样的职业道德素养要基于对新时代教师职业道德要求的准确理解。

《准则》对师德修养方面的要求有两个显著特点。一是引导与禁止相结合。在内容表述上，每一项要求都规定了应当做什么和不应当做什么，既为教师提供了明确的行为导向，又划定了不应触碰的行为底线。二是警示与期望相映衬。"不得通过课堂、论坛、讲座、信息网络及其他渠道发表、转发错误观点，或编造散布虚假信息、不良信息""不得索要、收受学生及家长财物或参加由学生及家长付费的宴请、旅游、娱乐休闲等活动，不得向学生推销图书报刊、教辅材料、社会保险或利用家长资源谋取私利"等职业行为底线的划定，是对广大教师的警示和告诫。

《准则》希望广大教师"带头践行社会主义核心价值观，弘扬真善美，传递正能量""勤勉敬业，乐于奉献，自觉抵制不良风气"等，对广大教师成为"四有"好老师、培养德智体美劳全面发展的社会主义建设者和接班人充满期待。《准则》虽然没有强迫教师到达崇高无我的师德境界，但也不允许他们跌破职业行为底线。不仅如此，教师还应该具有在确保道德底线的基础上不断超越自我、追求崇高的自觉。

（二）新时代师德内涵解读

自党的十八大报告首次提出"把立德树人作为教育的根本任务"，党和国家的相关教育文件对师德建设和落实立德树人的根本任务也提出了一系列要求。中共中央、国务院印发的《关于全面深化新时代教师队伍建设改革的意见》提出，"引导教师准确理解和把握社会主义核心价值观的深刻内涵，增强价值判断、选择、塑造能力，带头践行社会主义核心价值观""健全师德建设长效机制，推动师德建设常态化、长效化，创新师德教育，完善师德规范，引导广大教师以德立身、以德立学、以德施教、以德育德"，坚持"四个相统一"，争做"四有"好教师。这体现了党和国家对师德建设的新站位、新诉求、新高度。具体来说，教师的职业道德主要包括以下几方面。

1. 爱岗敬业，无私奉献

这是师德的核心。师德首先表现为强烈的事业心和对教育事业的无限忠诚。教师劳动的对象是人，他们为此所付出的劳动量几乎是无法估量的。教师往往要倾注全部心血，其劳动支付和由此所得的报偿往往难以相等。教师劳动的复杂性、长期性和繁重性，决定了教师所从事的是一项十分辛苦的工作;而教师劳动效果的模糊性、中介性和滞后性,又决定了教师劳动不易为人们所理解。教师所得到的远远低于他们所付出的,只有爱岗敬业,发自内心地乐而为之,才能使他们不怕辛苦,不计较个人得失,在这个平凡而艰苦的岗位上无私奉献。

2. 尊重学生,热爱学生

这是师德的灵魂。尊重和热爱学生是教师的天职,是教育的奥秘。教师只有把整个心灵献给学生,才能有效地沟通师生感情;只有全面关心爱护学生,才能在师生之间架起信任的桥梁,使学生"亲其师,信其道"。

3. 以身作则,为人师表

这是师德的基础。以身作则是指教师要以自己的行为去影响学生,使自己成为学生的表率。孔子曰:"其身正,不令而行;其身不正,虽令不从。"教师要做到:遵纪守法,廉洁自律;言行一致,表里如一;仪表整洁,语言规范。

4. 严谨治学,不断进取

这既是师德的生命,也是教师应具备的业务素质。古人云:道之未闻,业之未精,有惑而不能解,则非师也。在科学技术迅猛发展的今天,教师更应该树立终身学习的思想,不断进取,不仅要有系统精深的专业知识和广博的人文知识,还要学习教育学、心理学、美学等知识,掌握现代化教育手段。

5. 团结协作,互勉共进

这是师德发展的途径。学校教书育人工作任务的完成要靠全体教职工的共同努力,任何学生的成长都凝结着许多教育者的心血和劳动。学校教育是一种群体协调性很强的工作,它需要教师间坦诚地通力合作。教师之间相互尊重、团结互助、密切配合,是搞好教育教学工作的重要基础。

(三) 师德建设与发展中需要落实的工作

教师要履行好立德树人的使命,比如,以完善自身师德为前提,掌握青少年世界观、人生观、价值观形成的特点和规律,掌握育人的知识与策略,发展育人能力等,这些都需要在师德建设与师德发展中予以全面落实。

1. 抓好爱国主义教育

青少年时期是世界观、人生观、价值观形成的关键期。爱国主义教育必须渗进血脉、透入灵魂,一定要从小抓起。要抓好爱国主义教育这一课,把爱我中华的种子埋入每个学生的心灵深处,让社会主义核心价值观在每个学生的心中生根发芽。教师要贯彻"人人都是德育工作者"的理念,把三尺讲台作为爱国主义教育的舞台,结合学科知识,把握教育契机,利用班会课等途径,抓好爱国主义教育。

2. 实施多元育人策略

教育的使命是育人。"唯分数论、唯升学论"已不适应当前的教育形势。教师应引导学生在追求知识、独立实践、突出特长的过程中,提升综合素养,实现知识、能力和素质的有机结合,培养家国情怀。

3. 增强推陈出新意识

教师要勇于开拓创新,树立超越前人、超越自己的勇气,增强推陈出新意识和干劲,将所学所知、创新创意转化为解决实际问题的能力,不断发展育人能力。

4. 践行社会主义核心价值观

教师要利用课堂讲坛、校园阵地等,身体力行地倡导社会主义核心价值观,用自己的学识、阅历、经验点燃学生心中真善美的火花,使社会主义核心价值观润物细无声地浸润学生的心田,引领学生健康成长。

5. 落实科学有效的教师评价体系

2020年10月,中共中央、国务院印发《深化新时代教育评价改革总体方案》。该方案明确指出,中小学教师评价的重点包括"坚持把师德师风作为第一标准""突出教育教学实绩""强化一线学生工作",并提出了若干指导性意见,比如,"建立师德失范行为通报警示制度""探索建立中小学教师教学述评制度""落实中小学教师家访制度"。

二、增强行为示范

作为一名教师,行为规范尤为重要。在学生的心目中,教师是最崇高、最有权威的榜样。教师的一言一行无不给学生留下深刻的印象,对学生的成长产生重要影响。教师的身教比批评、训斥的效果好得多,能达到"无声胜有声"的境界,特别是在培养学生非智力因素方面具有深远影响。

(一)加强语言修养

著名教育家叶圣陶曾说:"凡是当教师的人绝无例外地要学好语言,这样才能做好教育工作和教学工作。"因为无论是实施课堂教学还是师生情感交流,教师都必须以语言为媒介。苏霍姆林斯基说:"教师的语言修养在极大程度上决定着学生在课堂上的脑力劳动的效率。"由此可见,教师的语言在教育学生的过程中起着至关重要的作用。

教师的课堂用语要准确、简练,要用语言营造一个富有教育性、启发性的课堂。教师与学生谈心时,要用温暖的语言融化学生心头的"寒冰",让学生感受到师爱。特别要注意:表扬不能失实、超限,批评不能贬斥、刺伤。在日常生活中,教师更应牢记自己的身份,无论在什么场合,都要用文明的言语和行为塑造高尚的道德形象。

(二)规范自身行为

教师的行为表达着情感,学生从教师的行为中接受着情感的熏陶和启迪。教师要认真学习教师职业行为十项准则、教师违反职业道德行为处理办法等内容,并将其作为行为准绳,把教书育人与自我修养结合起来,增强责任感、使命感、荣誉感,规范行为,明确师德底线,努力成为"四有"好教师。

教育是人与人心灵的碰撞。教师的行为像一面镜子,反射着自身的道德修养,是学生道德品质成长最直观、最生动的榜样。只有教师的言行引领着道德风尚,彰显着职业尊严,发挥着榜样示范作用,向学生传递着师爱与温暖,才能以心育心、以德育德、以人格育人格,落实立德树人根本任务,实现学生的全面发展。

(三)树立威信威严

教师的威信能增强和放大教育教学的效果和作用。教师的教育教学策略只有建立在学生信服教师的基础上,才能使课堂教学熠熠生辉。

教师除了要为人师表外,更重要的是要学会与学生相处,建立和谐的师生关系。只有这样,才能获取学生的接纳与信任,才能不断提高自己在学生中的威望和信誉。教师不能自认为高学生一等,便以俯视的角度对待学生;相反,教师应以理解和尊重为前提,与学生平等、民主、真诚地讨论问题,让学生表明自己的观点,倾听学生的心声,并采纳他们的合理建议。倘若教师遇到一点事就大动肝火,甚至讽刺或体罚学生,这样既不能解决问题,也无法得到学生的爱戴。教师在教育教学工作中难免有不周全的地方,特别是在处理学生的问题时,一旦发现自身错误,就应及时在学生面前承认错误,并及时纠正。这样不仅不会影响教师的威信,反而会使教师在学生心目中的形象更高大。

三、修炼人格魅力

我们经常发现,学生会因为一名教师而喜欢上一门课、一个学科,或者未来将其发展为自己的职业。那么,吸引学生的究竟是什么?只是教师的学识吗?答案是否定的。事实上,能否赢得学生的尊重与爱戴,不是由单方面因素决定的,教师的学识、能力、性情、品格修养等综合素质熔铸成其人格。其中,人格魅力是一名教师吸引学生的主要原因。

(一) 注意形象魅力

教师的着装要庄重、大方、整洁、朴素,体现教师的职业特点与美感,同时言行举止要体现教师的师德。大方的举止和端庄的仪容可以赢得学生和家长的信任和认可。

教师的体态应该大方、端庄、规范、自然。站立时,应当保持自然,挺胸收腹,头微微上仰,面带微笑,两手自然下垂;行走时,应当保持稳健,头正胸挺,双肩自然摆动,双目平视,不左顾右盼;与学生、家长交谈时,要自然亲切,尽量与交谈方保持相应的高度,肢体语言适度,动作轻盈,左右摆动不宜过宽。

特别要注意师生交往中的一些细节。曾有一位家长投诉某老师,标题是"老师,你欠孩子一个礼"。该家长说她带上小学的女儿到朋友家玩,女儿对大人挺礼貌,但对朋友小孩的问好却不理不睬,非常冷淡。她教育女儿说,对小弟弟也要以礼相待。不料,女儿竟说:"我们在学校见到老师行礼问好,老师都不还礼。"由此可见,教师对学生的影响是潜移默化的,教师要用一言一行去影响学生,用自我魅力去感染学生。

(二) 涵养道德魅力

教师道德修养的修炼与学生道德修养的养成休戚相关。潘光旦先生曾提出"从游"的教育命题:在学校里,学校好似水,师生就是水中游来游去的鱼儿。教育过程就像是游泳,大鱼在前,小鱼尾随,这就是"从游"。小鱼成天跟随大鱼游来游去,自然就学会了游泳,学会了大鱼的游泳样式,久而久之,便领悟了游泳之大义。教师担负着"立德树人"的使命,肩负着向学生传递道德力量的责任。

1. 要把工作当作终生的事业

教师的职业不只是8小时以内的工作,而是一辈子的修炼和终生的事业。教师要把奉献落实在行动上,认真执教,刻苦钻研,追求卓越,做学生的榜样,做一个有思想、有理想、有拼搏精神的人。教师还要不断学习新知识,不断开阔视野,不断创新理念,与时俱进,因材施教。

2. 要把学生当作自己的孩子

教师不仅要为学生传道、授业、解惑,还要发自内心地关爱学生,把他们当作自己的孩子。新时代园丁精神的核心就是爱,师爱要面向全体学生,从教师心灵深处发出的爱才能触动学生的心灵。

3. 要把同事当作共同成长的同伴

正如一滴水只有融入大海才会永不干涸,一名教师的成长离不开前辈的指导和团队的指引。可以说,优秀的教育质量是教师团队精诚合作的结果。教师需要团队精神,每一名教师的能力都是在团队合作中发展起来的。

(三)提升教学魅力

课堂是充分展示教师魅力的场所。学生是否喜欢一名教师,很大程度上由这名教师的教学能力是否过硬、他的课堂是否吸引人决定。一名教师,尤其是新教师,怎样吸引学生,怎样启发学生,怎样提问学生,怎样管理学生,怎样导入,怎样探究,怎样巩固,怎样结束,都是常用的课堂教学基本技能。如果一名教师能全面掌握这些技能,那么他就充满教学魅力。

1. 怎样吸引学生

一是教师进行教学设计时要充分考虑学生的知识储备和学习能力,如教学内容要与学生的已有经验和知识相联系。

二是教师要安排多种形式的教学环节。教师应该尽可能地提高教学效率,让学生感到学习充实。比如,上课采用多种教学形式,穿插多种教学任务,如猜想、观察、听讲、思考、操作、自学、讨论、小组竞赛等。

三是建立良好的师生关系。得体的仪表、精彩的语言、挥洒自如的教态、简洁美观的板书、亲切的语言、热情的鼓励、信任的目光、敏捷的思维、娴熟的解题技巧等,这些都会使学生对教师产生一种崇拜感,进而充满学习的欲望和热情。

2. 怎样提问学生

一是教师要预设提问,提高提问的质量。比如,刚学完一个新知识,此时教师的提问要达到及时反馈和强化的目的。但简单的问题不具有多少思考性,因此教师要控制其在课堂提问中所占的比例。尤其在一些较好的班级或学习内容有相当难度的课时中,教师大部分的课堂提问对学生而言要有一定的挑战性,能够起到引导学生积极思考甚至热烈讨论和争辩的作用。由此,学生会认为教师问的问题比较有深度,教师也能够比较准确地给予学生反馈。

二是教师要通过追问,加强对学生的启发。教师的追问要让学生明确需要解决什么问题,但又要含蓄地架桥。如果教师对学生的提示过于直截了当,就失去了启发的本意。所以,教师最好通过引导学生先从事某些活动,解决某些比较容易着手的问题。比如,理科学习中,教师可以利用实物、模型、实例、示意图等来启发学生从观察、比较、分析和归纳等活动中得到结论,形成思路。

三是教师要注意总结,厘清学生思路。教师要将学生原先想做而不会做的正确做法和想说而不会说的正确想法用精练的语言重述或者重写一遍,这样做能帮助学生厘清思路,明确正误。

3. 怎样管理学生

一是通过短暂的沉默来营造气氛。教师在上课铃响后可以不急于讲课,而是用几秒钟的时间环顾全班,示意学生要集中注意力。这种短暂的沉默也常用于整顿涣散的课堂风气,教师略带生气的眼光能制止一些学生扰乱课堂的行为。

二是抓住教育契机进行口头干预。比如,一位学生给出一个离谱的回答,其他学生不禁哄堂大笑,这时,教师不能附和,而应尽快寻找原因。是学生没听清楚问题,是学生发音不清晰而引起大家的误会,还是学生上课不专心走了神?如果发现回答中有合理成分,教师要及时予以肯定,让大家都受到教育和启发。

三是通过真诚致歉来赢得学生谅解。有时,教师自己也会犯些错误。如果是比较严重的错误,那么教师除了立即改正外,还应真诚地向学生道歉,以展示教学工作者严谨求实的美德,切忌以势压人或强词夺理。

增强团结协作的能力

俗话说:团结才能出战斗力。团结协作是一种能力、一种智慧、一种艺术,是新教师亟须提高的素质本领。新教师作为一所学校的新生力量,要加快融入学科教研组和全体教师的群体,要不断强化团队意识,发扬团结协作的精神,增强沟通交流能力,做到相互信任、相互支持、相互协作。

一、提升集体意识

教师自身有明确的教学职责,不仅要高质量地完成各自的教学工作,还要协同班主任、年级组、学校一起完成学生的教育工作。教师要有强烈的集体意识,这样才能更好地将教育效果最大化,并实现职业价值。

(一)什么是集体意识

集体意识是指集体成员对集体目标、信念、价值与规范等的认识与认同,如成员自觉地按照集体规范要求自己,个人利益服从集体利益,并有一种责任感、荣誉感和自豪感。

教师的集体意识主要表现为教师对学校办学理念的认同,如自觉按照校纪校规、校园文化要求自己,自觉维护学校荣誉,关爱学生,友爱同事,对教育事业富有责任感和奉献精神,为自己是学校的一分子而感到骄傲、自豪。

(二)如何提升集体意识

1. 要认识到教育学生是教师共同的事业

教育是神圣而崇高的。教师承担着教育人的伟大天职,可以说,教师的工作是劳心劳力的。教师教育学生靠的是博爱的人格、厚重的文化知识、教育的智慧和对教育的执着。教育学生不仅仅是班主任、德育教师的责任,而是全体教师共同的事业。身为一名教师，不仅要在学科上给予学生知识的引领，还要善于利用一切教育契机，全面落实立德树人的根本任务，把教育学生当作一门事业来做。

2. 实行"德育导师制"，共同助力学生成长

"德育导师制"是一种以班主任为核心、班级任课教师为成员的德育导师组，任课教师都是导师，一个导师负责一定数目的学生，在品德和心理等方面为各自"承包"的学生提供全方位、个性化的指导和帮助的育人模式。任课教师的参与可以减轻班主任的工作负担，从而改变过去仅仅依靠班主任孤军奋战的局面，改变大家对德育的片面认识和单一的德育模式，形成班主任与任课教师协同作战、全员育人的新局面。总之，班主任是班集体建设与各种教育力量整合的关键因素，应主动做好与任课教师的调适与整合；任课教师要以班主任的心态当老师，不仅要授学科之"业"，解学科之"惑"，还要传学生之"道"，配合班主任参与班级管理。

3. 参与学校建设的各项工作

学校建设不只是学校领导的事，从学校可持续发展的角度来看，只有让更多的教师参与学校建设，学校建设的思路才能得到教师的认同，学校的建设也才能彰显其本来的意义。同时，学校的发展关乎教师个人的发展，教师有参与学校建设的义务和责任。教师要主动在学校品牌创设、学校管理制度制定、教师队伍建设、校园文化和环境创设、学生活动开展等方面献言献策。学校管理者应认真思考教师参与学校建设的可行性并积极实践，只有在实践中积极面对产生的问题，才能最终确保学校的可持续发展。

4. 自觉维护学校的荣誉

作为一名教师，我们应当自觉地秉持职业操守，遵守职业道德，不断自省、严格自律、彰显自尊，将师德规范内化为自己的自觉言行。同时，全体教职工要共同行动起来，弘扬清风正气，加强有效监督，坚决与各种不良现象作斗争，与学校、各级教育部门、学生、家长和全社会共同铸就师德建设的防线，维护学校的荣誉。各级教育部门和学校也要引入社会监督、舆论监督等机制，依法依规查处各种不良现象，决不允许"害群之马"对广大教育工作者造成伤害。

二、建立平等的师生关系

要想建立平等的师生关系,教师就要更新观念和提高素质,并不断健全和完善人格。其中,树立正确学生观、构建民主课堂、阅读教育名篇是建立和谐师生关系的重要基石。教师对学生的关爱和尊重,搭建起师生平等互动的桥梁。

(一)树立正确的学生观

1. 正确认识学生的向师性和独立性

学生的向师性是指学生都有模仿、接近教师的自然倾向。在学生的心目中,教师的形象往往很高大,他们对教师怀有一种钦佩、尊敬之情,并且希望自己得到教师的关注。这种关注意味着教师对学生的重视、鼓励、关怀和喜爱。教师的关注常常比表扬更能触动学生的心灵,有深刻的教育意义。反之,如果教师长期忽视某个学生,就会抹杀他对教师一切美好的情感,甚至会对他的心灵造成无法弥补的伤害。

学生的独立性是指教师要把每一位学生当作一个独立的人,无论学生的向师性多么强烈,也不能改变这一属性。教师要想使学生接受自己的教导,就要做到因材施教,因势利导,要使自己的教育教学充分适应学生的情况、条件、要求和思想认识的发展规律。教师不但不能把自己的意志强加给学生,而且不能把自己的知识强加给学生,否则就会挫伤学生的主动性、积极性,扼杀他们的学习兴趣,引起他们自觉或不自觉的抵制或抗拒情绪。教师既要珍惜学生的向师性,又要尊重学生的独立性,建立教学相长、尊师爱生的师生关系。

2. 正确认识学生的能动性和可塑性

皮亚杰说过:一切真理都要由学生自己获得,或者由他们主动发现,至少由他们重建而不是简单地传递。学生的能动性主要表现为学生积极主动地去学习的心理意向。"染于苍则苍,染于黄则黄。"学生的可塑性取决于学生发展的需要以及学生个体与环境的相互作用,这主要是通过学生在学习的各项实践活动中实现的。学生知识的掌握、能力的培养和思想品德的形成,都必须通过他们自身的主观努力才能实现。教师能做的是为学生创设条件,激发学生的主观能动性。

首先,教师要努力营造温馨和谐的课堂教学氛围。教师具有温和的教态,并能真诚地对待学生,才能使师生关系融洽,才有利于学生主观能动性的发挥。其次,教师要提高自己的教学能力。教师要结合教材特点,采取灵活多变的教法,激发学生的学习兴趣,变"要我学"为"我要学"。最后,教师要用发展的眼光看学生。教师既不能忽略学生内心的感受和积极探索的欲望,也不能忽略学生自主学习能力的培养,这是激励学生成长进步的根本动力,是教师留给学生的宝贵精神财富。

(二)建立和谐的师生关系

1. 爱与尊重是建立和谐的师生关系的前提

一是要尊重学生的人格。教师要俯下身来,平等地对待学生,以自身美好的人格唤醒学生身上潜在的美好品格。人格的感染和情感的交流胜过呆板的说教和冰冷的惩戒,对学生健康快乐成长更为有利。只有这样,学生才更能体会到师爱,更容易接受教师的教育,并且能自觉地克服自身的缺点。

对年轻教师而言,要把尊重学生人格、关爱学生放在第一位。虽然教育中的惩戒是必要的,但是教师要更加慎重选择惩戒的方式。例如,一年期的小张老师被家长联名告到教育局,"罪状"是体罚。经了解,小张老师准备了一把小尺子,平时对调皮的孩子轻轻打几下手心稍作惩戒,没想到惹来了家长的不满。那么,为什么办公室的老教师也有同样的行为,他们却没有被家长举报呢?小张老师只看到老教师打孩子手心的一幕,却没有关注到老教师课上的循循善诱,课间的谆谆教导,课后和家长联系的一通通电话,一声声关切的提醒,一句句鼓励的话语,一个个表扬的小奖品。老教师把学生当作自己的孩子一样疼爱,孩子们爱这样的老师。家长又怎么会去举报他们呢?但年轻的教师缺乏对学生的关爱,轻轻打手心的举动在家长眼中自然成了随意体罚学生的行为。这不仅摧残了学生的身心健康,还导致师生关系对立,不利于年轻教师的成长。

二是要呵护学生的自尊心。很多时候,教师不经意的言行像一把小刀深深地刺在孩子们稚嫩的心上。教师要做个有心人,呵护学生纯真而稚嫩的心灵。比如:某位学困生这次考试又不及格,但是他和上次考试相比有了小小的进步;某位学生和教师分享了自己青春期的小秘密;某位学生的家庭条件不太好,但在学校里却吹嘘自己的家庭条件很好。面对这些学生,你会怎么做?教师要以心换心,尊重学生的自尊心,真诚地鼓励有进步的学生,严格地保守学生的小秘密,站在学生的角度,理解学生的行为。只有这样,学生才会真正把教师当作朋友,才会尊重教师的意见。

三是要正确看待学生的差异。"尺有所短,寸有所长",差异并不等同于"差生"。教师要发现并帮助学生找到自己的闪光点,要让学生在教师的启发、点拨、引导中得到长足进步。如果教师用欣赏的眼光来看待学生,就会发现其实每一个孩子都很努力。例如:有的孩子学习成绩一般,但在艺术或运动领域非常有天分;有的孩子人缘很好,很有奉献精神。教师要抓住这些闪光点进行教育,表扬学生的优点,鼓励学生在学习上多下功夫,促进学生的全面发展。

2. 构建民主课堂是建立和谐的师生关系的重要举措

一是要平等地对待所有的学生。平等是民主的基石。课堂上,每一个学生学习的权利都应受到保护,教师要为每一个学生提供同等的学习机会。

二是要营造自由的课堂环境。心理学研究和实践证明,一个自由的环境可以使人的智慧得到最充分的发挥。课堂上,教师要支持学生发表不同意见,鼓励学生积极探索,为创造性人才的成长创造良好的氛围。只有在与教师平等自由的交流过程中,学生才能感受到心理的安全和自由,从而积极主动地进行观察、思考等学习活动,学生群体才会有跃跃欲试的热烈气氛,他们的创造欲望和行为才能得到激发。

三是要发挥学生主体性地位。在整个教学活动中,学生是特定的认识主体和信息交换的主体。在具体的教学过程中,教师应尊重学生主体,最大限度地把时间与空间还给学生,让学生积极参与课堂教学,在学生主动探究、独立学习的体验中培养民主精神。

四是要进行多样化的教学评价。教师要破除"唯分数论",要对学生的知识、技能、能力、思想、情感、态度及其发展状况进行综合性评价,发挥学生评价对教学过程的导向作用,改善学生的学习方法,发展学生的潜能,帮助学生树立自信,促进学生全面、主动发展。

3. 阅读教育名篇是建立和谐的师生关系的理论指导

一是中国古代教育名篇选读。阅读中国古代有关教育和为师之道的名篇,如《礼记·学记》、韩愈的《师说》和荀子的《劝学》,加深和拓宽对中国古代教育思想的理解。

二是西方古代教育名篇选读。阅读西方古代有关教育和为师之道的名篇，如柏拉图的《理想国》、昆体良的《演说术原理》和维夫斯的《论教育》，兼具中西方视野，理解西方教育理念的核心与发端。

三是中外近现代教育名篇选读。阅读中外近现代教育名篇，如蔡元培的《对于新教育之意见》、陶行知的《教学合一》和叶圣陶的《如果我当教师》，福禄贝尔的《人的教育》和帕克·帕尔默的《教学勇气》，在对比中深入理解中西方重要教育理念的发展路径。

三、加强同伴合作

注重教师之间的合作，旨在通过平等、互惠的有效合作，来提高学生的学习成就。在同伴合作的过程中，教师以校本教研为平台，以教学研究为渠道，以课堂教学为阵地，以促进学生发展为宗旨，突破学科的界限，在同伴合作中达到自身专业成长的目的。

（一）摆正心态

青年教师要摆正心态、反躬自省，不能因为工作上的一些小分歧就开始抱怨人情冷漠。年轻教师刚走上教学岗位，从备受呵护的环境突然进入节奏快、压力大的教学环境，很不适应。他们在教学工作上面临了一些小挫折，在人际交往中遇到了一些小困惑，对一些老教师的工作方法、处事态度也颇有微词，但这种心态必须尽快调整。每个人都会因成长背景、教育程度、社会阅历、性格心态等的不同而在人生观、价值观、言谈举止、处事风格等方面存在差异。工作中难免会出现一些认识和做法上的冲突，这是很正常的现象。有些老教师表面上看起来脾气火暴、比较严肃，但是在交往中，你会逐渐发现这些老教师非常热心，对青年教师的成长嘘寒问暖，青年教师会被他们奉献教育的精神深深打动。

（二）虚心向学

著名教育家陶行知先生指出："要想学生好学，必须先生好学，唯有学而不厌的先生，才能教出学而不厌的学生。"成为一名教师，不是学习的结束，而是学习的开始。"三人行，必有我师焉。"无论是资深教师还是青年教师，他们身上都有独特的教育方法和教学风格。我们要取各家之所长,在学习中提升自己的能力。比如,集体教研为教师专业成长搭建了资源共享、交流探讨、互相学习的平台,起到了引领、示范、传承作用,对提升教师整体教育教学水平、学校教育教学质量至关重要。

总之,一个人的知识、能力、思维、资源都是有限的,只能靠团队的力量一起完成某项工作,彼此发挥着不同的作用。除了学习优秀教师的教学技能外,青年教师也要学习优秀教师身上的闪光点,如宽阔的心胸、包容的智慧和良好的沟通技巧,提高自己的综合素养。

(三)开展跨学科教学

近几年,"跨学科"作为一个新兴的教育热词频繁出现。有人说,当我们今天开始关注跨学科时,我们已经逐渐靠近教育的核心,找到未来教育的支点。新时代背景下,聚焦核心素养,教师如何变革育人方式?当跨学科教学来临时,教师应该具备怎样的专业素养?跨学科课程设计该如何探究,又需要怎样统整?跨学科学习是教师变革育人方式的重要实现方式,它让学生亲历知识,让知识和能力发生迁移。跨学科教学对教师多学科知识的储备、学习力、创造力提出了更高的要求,打开了全新的教育视角,同时也把教师同伴间的合作提升到一个全新的高度。教师不再仅仅依附教材与大纲,而是要在与不同学科教师的交流学习过程中,逐渐懂得转换"学"与"教"的视角,最大限度地给予学生支持,从一名单一学科的教书匠转变成学生学习道路上亲密无间的同行者。

严守廉洁自律的底线

教师的德行应如白玉般纯洁无瑕，教师要恪守"勿以善小而不为，勿以恶小而为之"的至理古训，这样清廉自守的"内功"才会如滚动的雪球越滚越大、越来越强。

一、遵纪守法是底线

一个国家如果没有纪律和法治，就无正义可言。遵纪守法是每个公民应尽的义务，是保证社会和谐安定的基石。遵纪守法是指每个从业人员都要遵守纪律和法律，尤其要遵守职业纪律和与职业活动相关的法律法规。作为一名教师，遵纪守法是底线。除此之外，还要培养学生的法治意识，引导学生形成正确的价值观。

（一）学好法律知识

2020年11月，《求是》杂志发表了习近平总书记的重要文章《推进全面依法治国，发挥法治在国家治理体系和治理能力现代化中的积极作用》。该文章强调我国社会主义法治凝聚着我们党治国理政的理论成果和实践经验，是制度之治最基本、最稳定、最可靠的保障。自1954年颁布首部宪法开始，到2020年不断完善的《中华人民共和国民法典》；从法制社会到现在的法治社会，法律的更替完善一直警醒我们如何做一个知法守法的好公民。

1. 知法

宪法是国家的根本法，是治国安邦的总章程，是党和人民意志的集中体现。党的十八大以来，习近平总书记高度重视宪法在治国理政中的重要作用，对宪法的性质、地位、权威、实施、宣传教育等作出了一系列重要论述。教师要牢记必须以宪法为根本活动准则,要深刻领会依法治国的基本内涵;要贯彻国家的教育方针,认真学习《中华人民共和国义务教育法》《中华人民共和国教师法》《中华人民共和国未成年人保护法》等,强化法治思维,提升法律素养,教书育人,依法执教。

2. 守法

法律是治国之重器。法律面前人人平等,任何组织或者个人都不得有超越宪法和法律的特权。教师要时刻严格约束自身言行,以宪法和法律为准绳,掌握社会主义法治观念的基本内涵以及教育法律法规的基本知识与理论,明确教育行政机关的职能、学校的法律地位、教师和学生的权利与义务、教育权益救济制度以及学校管理中的有关法律问题。教师要从内心深处把坚持依法执教作为政治责任、自觉追求,做到为人师表,不以身试法。

3. 用法

公民的权利就是自我保护的权利。学法是每个公民的权利和义务,用法更是需要每个公民依法履行。法律的生命力在于实施,法律的权威也在于实施。教师应当更加积极主动,养成遇事找法、办事依法、解决问题靠法的行为习惯,切实做到依法执教,以自己的模范行动,带动全社会树立法治信仰。

(二) 遵守教师职业行为规范

作为一名教师,不仅要自觉普法、学法、守法、用法,还要自觉遵守其他相关教育教学规范。特别是年轻教师,要重点学习相关政策规定的教师基本素养和专业能力要求,签订师德承诺书,始终紧绷师德这根弦,自觉遵守教师职业行为规范。

【案例】

上海市奉贤区教师师德承诺书

我是一名光荣的人民教师,承担着教书育人的重任。为了积极贯彻党的教育方针,教书育人,爱岗敬业,更好地展示人民教师为人师表的良好形象,履行教书育人的神圣职责,我将自觉遵守《中华人民共和国教师法》《中小学教师职业道德规范》等法律法规,积极响应奉贤区教育局号召,作出以下师德承诺。

一、严格执行师德"五不准"

1. 不准有损害党中央权威,如违背党的路线方针政策,损害国家利益、社会公共利益,违背社会公序良俗的言行;或通过课堂、论坛、讲座、网络及其他渠道发表、转发、编造、散布不实言论、虚假信息、不良信息。

2. 不准违反教学规律,如敷衍教学,擅自从事影响教育教学本职工作的兼职。严禁幼儿园教师采用学校教育方式提前教授小学内容,组织有碍幼儿身心健康的活动。

3. 不准歧视、侮辱学生,虐待、伤害学生;既不能与学生发生不正当关系,也不能有任何形式的猥亵、性骚扰行为;或在教育教学活动中遇突发事件、面临危险时,不能不顾学生安危,擅离职守,自行逃离。

4. 不准在招生、考试、推优、保送及绩效考核、岗位聘用、职称评聘、评优评奖等工作中徇私舞弊、弄虚作假。

5. 不准索要、收受学生及家长的财物,不能参加由学生及家长付费的宴请、旅游、娱乐休闲等活动;不能向学生推销图书报刊、教辅材料、商业保险,或利用家长资源牟取私利;不能组织、参与有偿补课,或为校外培训机构和他人介绍生源,提供相关信息;不能组织学生参加以营利为目的的表演、竞赛等活动。

二、积极践行师德"五提倡",争当师德"五表率"

1. 学习修身,争当学习表率。
2. 专业发展,争当教学表率。
3. 关爱学生,争当爱生表率。
4. 合作奉献,争当合作表率。
5. 热心公益,争当公益表率。

承诺人:

年　月

(三)加强对学生法治意识的培养

作为教师,我们要在学生生理和心理发展的关键时期,对他们进行良好的法治教育,引导学生形成正确的社会行为价值观念和法治意识。在日常教学中,教师可以结合思政教学内容和学生学习能力现状,有计划性地从认知、掌握、运用等层面,为不同年龄的学生的法治意识培养制定相关的策略方法,实现对学生法治意识的培养和加强。

(四)增强学生的国家意识

习近平总书记在关于总体国家安全观的重要论述中指出:"安而不忘危,存而不忘亡,治而不忘乱。"坚持总体国家安全观是习近平新时代中国特色社会主义思想的重要内容。青年教师要牢固树立危机意识与安全意识,建立对国家总体安全观的系统性认知,增强应对各类安全事件的处理能力。

教师要全面加强国家安全教育,注重在学科教学过程中渗透和整合总体国家安全观教育,增强学生的忧患意识与危机意识。教师要树立总体国家安全观,自觉维护国家主权、安全、发展利益,坚决反对一切分裂祖国、破坏民族团结和社会和谐稳定的行为。教师可以结合时政,引导学生理解和尊重各民族的政治、经济、文化和传统习俗。

二、诚实守信是立身之本

教师的职业特性决定了教师要以高尚品行、人格魅力、诚实作风取信于学生,要以言行感染学生,这样对学生的教育可以起到事半功倍的效果。教师还要给予学生信任,要把诚实守信作为和学生交往的先决条件,营造以诚实守信为荣的育人氛围。

(一)诚信是教师的立身之本

诚信是中华民族的传统美德,是师德的基本要求,是教师执教的基础,也是社会主义核心价值观的切入点。作为一名教师,要忠实履行自己应尽的义务,爱岗敬业,严于律己,做一个诚实守信、品德高尚的人。同时,教师应当以身作则,自觉建立并维护教师队伍形象,用实际行动抵制诚信危机。

教师要积极参加学校开展的师德承诺、教师誓言回顾活动,建立教师个人诚信档案,将诚信真正融入教育教学中,在教育教学中用自己的师德影响和带动学生,自觉践行社会主义核心价值观,为中国梦的实现奠定良好的道德基础。

(二)诚信教师育诚信学生

诚信是中华民族的传统美德,是做人做事的道德核心,也是学生健康成长的基石。教师要将诚信教育融入日常的教育教学中,引导学生提高诚信道德水平。当学生出现不诚信行为时,教师要给学生自省的时间和空间,给学生自主成长的机会,这也是一种教育智慧。

第一,开展丰富的校园活动,创设良好的校园诚信氛围。比如:开展诚信名言经典诵读、故事会,在喜闻乐见、寓教于乐的活动中,使学生感受、体会诚信是做人的根本;借助国旗下讲话、主题班队会等多种形式,加强诚信道德规范的宣传学习;运用校园橱窗、黑板报、校园广播等渠道,大力宣传诚信教育。

第二,将诚信教育渗透学科教学中,充分挖掘课堂教学资源,有效整合各学科诚信教育内容,融诚信教育于学科教学中,如语文学科中的诚信故事、历史学科中的诚信史实等。

第三,建立健全学生诚信评价机制。通过综合素质评价系统,对学生在校期间的德育品行情况、各类违纪情况等做好全方位、翔实记录,以学生自评、互评、教师评和家长评来培养学生诚信、守纪、公正的良好习惯。

三、严于律己是内在要求

走上三尺讲台,需牢记"爱岗敬业,廉洁从教"的庄严承诺,不忘初心,潜心育人,自觉抵制不正之风,以真心投身教育事业,以爱心经营教育事业,以忠心奉献教育事业。

(一)清廉从教,抵制不良诱惑

教师要坚守高尚情操,发扬奉献精神,自觉抵制不良风气,不收受、索要学生或家长的钱物,不接受学生和家长的宴请,不向学生推销商品和教辅资料,不利用职责之便牟取私利,不搞有偿家教。

或许不少年轻教师会说:我绝不会犯这样的错误。但是,你能保证在一些看似微不足道的小事上依然保持高尚的师德吗?例如,每年的教师节,学生给老师送鲜花,表达对老师的敬意,这是加深师生情感的契机。此时,有些家长会私下送购物卡给教师,有些新教师就收下了。殊不知,收下这张小小的购物卡后会带来许多麻烦。这些送礼的家长会时刻关注你是否事事以他们的孩子为中心,一旦有所不满,就会上报校长乃至上级教育部门。师德的分量与这张薄薄的卡相比,孰轻孰重?

(二) 实事求是,恪守学术规范

学术规范涉及语言文字规范、引文规范、署名规范等多个维度,是相关研究人员开展学术活动时必须遵守的准则。

恪守学术规范是教师的基本要求。教师要在教学、教研活动中规范使用他人的学术成果,合理使用各类学术资源。在当今这个浮躁的社会中,教师更应有一颗沉静的内心,潜心问道,与学生在探究学习中共同成长。

总而言之,提高师德修养既是教师入职前首先要学好的一门课,也是教师一辈子都要学习的一门课。

年轻的教师们,衷心祝愿大家顺顺利利地行走在教育这条道路上,并且越走越宽广。送大家几句话,与君共勉。

"三尺讲台,三寸舌,三寸笔,三千桃李;十年树木,十载风,十载雨,十万栋梁。"

"没有比人更高的山,没有比脚更长的路。"

"志存高远,增长知识,锤炼意志,让青春在时代进步中焕发出绚丽的光彩,让自己的人生因为梦想的实现而更精彩!"

修炼二

做一名有理想的教师

◉ 苏霍姆林斯基说:"思想是根基,理想是嫩绿的芽胚,在这上面生长出人类的思想、活动、行为、热情、激情的大树。"新教师拥有什么样的理想,往往决定了他的人生之树会长成什么样。做一名有理想的教师,就要牢固树立教育理想,为国家培养栋梁之材;做一名有理想的教师,要给自己找一个标杆,找一个教育榜样,让自己始终朝着坚定的方向前进;做一名有理想的教师,要不忘教育初心,牢记为什么要做教师的初衷;做一名有理想的教师,要矢志不渝地践行教育使命。

树立教育理想

自孔子收徒开启教育先河后,历代私塾、官学兴起,到近代学校兴办,教育者的教育理想大相径庭。有的迫于生计,聊以糊口;有的糊里糊涂,随波逐流;有的胸怀天下,执着无悔。新教师树立什么样的教育理想,事关人生幸福和民族未来。

一、理想引领人生

理想是指对未来事物的想象或希望。从一定的意义上讲,理想是在实践中形成的、有可能实现的对未来社会和自身发展的向往与追求,是世界观、人生观和价值观在奋斗目标上的集中体现。本书将理想定义为"心中的奋斗目标"。有了目标,人就会为此而努力。年少的周恩来掷地有声地喊出"为中华之崛起而读书"的壮语,这是他的崇高理想。他为此理想不断践行,终于成为中华人民共和国伟大的总理。

只要有百分之一的可能,就要付出百分之百的努力。因为参加冬奥会的理想,这个小伙子走上了一条一个人的奥运之路。

【案例】

从面包师到滑雪冠军

2012年,17岁的张嘉豪从职高毕业,进了一家五星级酒店的面包房工作。打面、醒面、捏团,一整夜他能做上千个面包。

有一次,他在朋友圈看见一个好友的动态——一条玩滑雪的视频。屏幕里,有人踩着单板高高飞起,在空中旋转,又稳稳落地。他心里的某个地方瞬间被点燃:"我也要学这个!"

那年冬天,张嘉豪第一次去了南山滑雪场。在无数次摔倒爬起的尝试里,他不可收拾地爱上在一望无际的雪域中滑行的速度和快感。

2014年的一天,张嘉豪给父亲打了个电话。他告诉父亲,自己已经辞去了面包师的工作。他要走一条听起来异想天开的路:当一个职业单板滑雪运动员。

没钱,张嘉豪便省吃俭用攒钱,去健身房锻炼体能。没教练,他就自己琢磨网上的视频,分解动作,连走路都在比画。有时也会请教滑雪场的"前辈",不放过任何学习的机会。

付出终有回报。2014年,张嘉豪参加了国际滑雪赛事,并成功拿到了名次。2015年1月,他在第13届单板滑雪南山公开赛中获得了亚军。也是在这一年,他听闻北京将举办2022年冬奥会。少年心里的一团火开始燃烧:站在北京冬奥会的出发台上,和全世界的顶尖高手并肩,这不就是自己的梦想吗?

他更拼命地参加比赛,积累经验。那几年,张嘉豪大大小小参加了几十场比赛,名次一次比一次拿得高。世界滑雪锦标赛第16名,全国高山滑雪锦标赛季军,全国单板滑雪坡面障碍技巧冠军……

与此同时,北京冬奥会的日子越来越近,张嘉豪心里的那团火越燃越旺。他的征战开始了。他详细地给自己制订了计划:从2020年初开始,两年之内,参加世界各地的比赛并攒够积分,最后冲击洲际杯、世界杯,直至拿下冬奥会参赛资格。

2021年3月,他带着满箱的滑雪装备和一面五星红旗,只身一人奔赴世界各地参加比赛。一个人做饭,一个人做医护,一个人做后勤。从3月到11月,200多个日夜,张嘉豪就这样向当初的目标一点点挪动着。训练、比赛、孤独、压力……这些词充斥着他的日子。"每当我受伤或者遇到困难想要退缩时,只要回头看我在滑雪过程中取得的成绩或者快乐的画面,我又拥有了无穷的力量。"

到2021年9月,张嘉豪的冬奥冲刺几乎完成了一大半,积分为39.95。他在智利还获得了一金一银两铜的好成绩。

荷兰欧洲杯的现场,无数人注视着张嘉豪从跳台起身、翻转。这次比赛很关键,他需要拿到第6名才有进入世界杯、冬奥会的机会。但他失误了,向内旋转

720 度,落地的一刻,他重重摔倒了。奇迹没有出现,他的冬奥会结束了。

那天晚上,汽车载着他驶离荷兰小镇。他发了条视频:"很遗憾,一个人的冬奥梦,走到这里不得不暂停了。我不后悔出发,也不后悔做那些白日梦。我依然相信一切皆有可能,依然会去挑战那些看似不可能的事情。我依然是那个即使最终结果 99% 都是失败,还是会为了 1% 的可能付出 100% 努力的人。"

二、理想决定未来

（一）教育理想的内涵

教师应当具有与所从事的职业相联系的教育理想。教育理想作为理想的层面之一,必然会体现理想的内涵和特征。本书将教育理想理解为:主体通过教育这种有意识的生命活动,依据其内在需求和外部条件,来塑造自我,塑造社会上所设想的教育有可能达到的完美状态。归根结底,教育理想是人的理想在教育中的体现和反映。

（二）新教师的教育理想

新教师要有自己的教育理想,把教书育人作为毕生执着追求的事业,把爱每一个学生作为书写人生篇章的信念,在平凡的工作中作出不平凡的业绩。唯有如此,教师的教育人生才充实而有意义。

【案例】

放弃"金领",扎根乡镇学校的 80 后教师包蓓姹

2006 年初夏,包蓓姹还是复旦大学物理系的一名大四学生。正在一家知名企业实习的她,只待毕业就可成为其中一员,成为众人艳羡的"金领"。然而,就在签订三方协议的前几天,她看到了上海市首届高校毕业生"三支一扶"（指大学生毕业后到农村基层从事支农、支教、支医和扶贫工作）计划的通知。自小就有的教师梦,加上一股激情,包蓓姹竟瞒着家人报名参加了"三支一扶"的笔试。

"你从复旦毕业,难道就是为了去当老师?而且还是去乡村当老师?"面对亲

人们的不理解,包蓓妵却很坚定地回答:"支教两年,不仅是为了完成我的心愿,更是让我有个缓冲,对未来人生有更清晰的规划,这不是浪费时间!"

包蓓妵要去的钱桥学校地处上海市奉贤区钱桥镇,距离区中心的南桥镇还有近半小时车程。第一次踏进钱桥学校校门,包蓓妵愣住了,映入眼帘的是矮旧的教学楼、简陋的操场和紧靠着喧闹教室的教师办公室,她简直无法将这些与上海这座国际化大都市联系起来。

任教第一年,由于学校师资紧缺,她挑起了七年级数学、英语两门学科教学及班主任工作的重担,更在下半年兼任了八年级的历史与生物教学工作。

包蓓妵坦言:"来了才知道,支教老师承担的工作远不只是给学生传授知识,还有许多其他教育工作要做。一切都是从零开始,从头学起。"

短短一年时间,她从一名教育的门外汉成长为一名优秀青年教师,不仅在校、区的各项展示课中崭露头角,在各项教学比赛中屡获佳绩,更在支教期满时获得了上海市优秀"三支一扶"大学生的称号。她开设的公开课,不仅受到教研员的好评,更被华东师范大学专家组称赞为"在奉贤听过最好的一堂课"。

支教的最后半年,包蓓妵开始面对离开还是留下的抉择。

包蓓妵所教的班级中有很多外来务工人员子女,这些学生的英语基础很薄弱,但在2008年的期中考试中,这个班级的英语平均分竟意外超过了所有平行班。

当包蓓妵乐呵呵地在课堂上宣布好消息时,突然有个学生说:"包老师,我们做到了,下学期你还会继续教我们吧?你答应过的。"

包蓓妵这才想起,曾有学生问她:"包老师,你是不是下学期就不教我们了?"为了安抚学生,她脱口而出:"如果你们这次期中考试有进步,我就继续教你们。"本是一句无心的鼓励之言,却被淳朴的学生们当了真。原来,这些天来大家上课认真听讲,课后主动留下来背单词,这一切都不是意外,而是孩子们为了留住他们喜爱的包老师所作的努力。

于是,她毅然作出决定,继续留在钱桥学校,这一留就是整整八年。在钱桥学校,她还担任了学校的团委书记、教导处副主任。2011年,她又荣获了奉贤区"五一巾帼奖"先进个人等荣誉称号。如今,她担任青溪中学副校长。

钱桥学校就是包蓓姹的沃土。她把自己深深扎入泥土,又破土而出,顽强生长。如果没有做教师的强烈理想,她又怎能在条件艰苦的乡下坚持下去呢?

包蓓姹的事迹告诉我们,青年教师要树立教育理想,要为实现理想孜孜以求。陶行知先生有句名言:"捧着一颗心来,不带半根草去。"这颗心就是对学生的爱心,这颗心是做一名好教师的基础。没有爱心,即使你拥有高学历和丰富的知识,也很难成为一名好教师。

三、理想启迪智慧

新教师要认识到选择了教师就选择了奉献,要有甘于奉献的精神。包蓓姹放弃了优越的生活,放弃了令人羡慕的工作,来到偏远的钱桥学校做一名支教老师。如果没有奉献精神,她很难坚持下来。

(一) 理想以爱心为基础

要实现教育理想,就要心中有爱。如果没有这份爱,支教期满,包蓓姹也不会再次选择留在钱桥学校。而这份爱必然基于她对教育事业的热爱。刚踏上工作岗位的新教师往往还处于见习期,要做到爱每个学生有一定的难度。这是因为新教师还没有真正地投入教育事业,还没有真正地爱上这个岗位。跟学生接触多了,新教师慢慢地就会走出见习期,对学生的爱就像流水一样源源不断。想一想在自己的成长历程中,有那么多的老师给予自身关爱,那么传承这样一份爱也是很有价值的。

(二) 理想与人生价值相匹配

要实现教育理想,就要甘于清贫,耐得住寂寞。在价值观多元的时代,什么样的价值观决定了什么样的人生选择。当一个个学生在你的精心哺育下茁壮成长时,就如你播下的种子开花结果,这就是理想开花结果了。这个过程是漫长的,但幸福就在其中,这是任何金钱都买不来的幸福。

(三) 理想与国家发展相联系

要实现教育理想,就要有爱国之情与报国之志。树立为国家富强、民族振兴广育英才的志向,就能够克服一切困难,扎根教育岗位。抗战时期,西南联大的教师们在极端困难的条件下,坚定爱国之志、报国之心,为国家培养了大批栋梁之材,是爱国教师的典范。而这些栋梁之材,又在国家建设中作出了很大的贡献,这就是教师的价值所在。

教育是永恒的事业,教育天地无比广阔。新教师若能怀抱坚定的教育理想,终将在教育生涯中书写美好的人生。

追随教育榜样

教育榜样不是个人崇拜,而是引领自己不断进步的榜样。教育榜样应当是在教育领域有独到建树、道德高尚、业务精良和广受赞誉的楷模。新教师要本着虚怀若谷的心,本着自我发展的内在期许,寻找适合自己的教育榜样,学习教育榜样的品格和敬业精神,追随教育榜样,不断实现自己的教育理想。

一、寻找教育榜样

（一）了解何为榜样

《辞海》对榜样的释义有三种:一是模样,样子;二是情形,状况;三是作为效仿的样子。《现代汉语词典》对榜样的释义是作为效仿的人或事例(多指好的)。新教师要选择身边可以效仿的人或事例,将其作为自己的榜样,不断提升自身的师德素养。

（二）确定教育榜样

新教师踏着青春的脚步,伴着花的芳香,行走在菁菁校园里。这里书声琅琅,有你的指点;这里笑脸灿烂,有你的润色;这里激情飞扬,有你的参与。你总是问自己:"今天我做得好不好?"你也总是在心中和身边的优秀教师作对比:"明天我是否能成为像他们那样受学生、家长喜欢的老师?"

在教师职业生涯之初,我们可以给自己寻找一个教育榜样,这个榜样最好是身边的同事,也可以是曾经的师长,他一定在为人为师方面值得敬佩。

【案例】

我的教育榜样

我的教育榜样就是我的高中班主任张生官老师。张老师中等身材,圆圆的脸,眼睛不大,笑起来就眯成了一条线,嘴角漾起两个深深的酒窝,总是迈着有力的步子,来去匆匆。高二时,他做了我的班主任。

张老师不善说教,不给我们讲大道理,他总是用行动默默地告诉我们该如何学习,如何做人。记得那次他陪我们排练节目,已经很晚了,公交车早已没有了。张老师的家住在头桥,他不会骑自行车,准备结束后走回家。我们借了辆自行车要送他,但是张老师说什么也不肯,硬把我们赶回教室上晚自习。我们就这样目送着张老师走出校门,走入茫茫的夜色中。那一刻,我们都深受感动。依稀记得在这一天的日记里,我立下了这样一个志向,将来也要做一名张老师那样的老师。

高三中途,在我们为高考紧张冲刺的时刻,张老师却病倒了,他得了肝炎。直到我们毕业时,他还没有康复。后来,听说张老师调到了进修学校担任英语教研员。我遇到过他几次,他依然是那副模样,笑起来眼睛眯成一条线,嘴角两个深深的酒窝。他依然只是忙,做着教研员的工作,还兼着中专班的课。

1997年的一天,曙光的校园里贴了一张讣告,赫然写着张生官老师追悼会的消息。追悼会是在一个雨天的下午,学校的领导、同事、亲朋好友以及闻讯赶来的张老师的学生们挤满了告别大厅。张老师躺在鲜花丛中,神态安详,他的眼睛眯成了一条线,但却再也不能睁开看一看围在他身前的人们。

从悼词里知道,发病的前一天,他还在给中专班的学生上课。第二天他便大口大口地吐血,当家人把他送进医院时,已经太迟了。昏迷中,他还念念不忘他的英语课,念念不忘他的学生。

我们身边不乏优秀教师、教育楷模等先进典范,他们的先进事迹、育人故事、执着精神,不仅影响着一批批学生,还感染着家长,影响着同伴和社会。作为新教师,要寻找自己的教育榜样,然后沿着榜样走过的路不断前行。

(三) 崇拜教育榜样

榜样崇拜从另一角度说就是发挥榜样的力量。我们不倡导追星式的榜样崇拜,但鼓励新教师追寻自己的教育榜样。因为前者往往让人不思进取,迷失方向,而后者却能催人奋进。

二、选择教育榜样

教育榜样应该是以身作则、为人师表的榜样楷模。我们心目中的教育榜样应该具备为师者的基本形象,这里的基本形象包括教师的外表形象和动作体态。

(一) 为师者要注重外在形象

随风潜入,润物无声,为师者的言行举止对学生起着潜移默化的作用,因此教师要格外注意自己的衣着打扮、动作姿态等。整洁、合体、端庄、大方的美好形象可以增加学生对你的好感,从而亲近你,使你的工作更有成效。反之,衣着标新立异、不整洁则会分散学生的注意力,甚至误导学生的审美观,产生不良后果。

古人云:以铜为镜,可以正衣冠。为师者心里要有一面镜子,了解自己的外表形象,选择适合自己的着装,以朴素、整洁、合体为标准。现在,很多校园内都有敞亮宽大的镜子,请不要介意自己的"照镜子"行为。教师进教室前,可以驻足镜子前打量一下自己:头发是否凌乱?脸上是否有东西?领子是否翻好?从礼仪的角度来讲,教师整洁大方地出现在课堂,也是对学生的一种尊重。

(二) 为师者要言行得体

走进教室,你的一言一行从何开始?一位优秀教师说:"从教室外面走进课堂的那一刻开始,我已经进入上课状态。首先,我站在教室门口,用温和的眼睛扫视所有的学生,告诉他们,我们将开始一段全新的历程;然后,教室里安静下来,我轻步走上讲台,轻轻放下书本、教具,用愉快的声音说'上课'。虽然我面带微笑,但是我的眼睛看向那个还没有进入状态的调皮男孩,直到他感觉到老师在暗示他……"这是一段很朴素的工作记录,告诉我们为师者的动作体态也是教育的组成部分。如果教师能适当运用一些好的动作姿态来表示对学生的友好和亲密,就能使学生感受到老师是爱他们的,是为他们着想的,就能让学生从心底接受并认可老师。初登讲台的新教师往往意识不到这些方面,可能衣着随意,殊不知无形中自己已经与学生拉开了距离;如果再表现得不拘小节,讲话随便,甚至生气时无法控制自己的情绪而拍了桌子,或教育学生时忘乎所以地坐在课桌上,这时自己的形象已经在学生心中大打折扣了。

(三) 为师者要品性高尚

教育榜样应该具有高尚的道德品质和深厚的文化修养。德高为师,唯有高尚的品质、良好的修养和完善的人格才能感化、影响教育对象,唯有以情感人和以理服人才能达到理想的教育目的。

"站上讲台,就是生命在歌唱。"人民教育家于漪老师以她特殊的个人经历,成就了她的通才优势。她教了8年历史课后,改行从教语文,并全身心地投入其中。从语法、修辞、逻辑到中外文学史、哲学、天文、地理、航海等知识,所有与教学相关的知识她都一一学习,每每明灯相伴到三更。她认为教育的本质是"育人",在教育实践中必须"教文育人",而要实现这一目标,就要提升教师自身的素养。因此,在三尺讲台上,她慷慨激昂,开了近两千节公开课,其中近50节公开课被录像传播,成为半个多世纪以来语文课的经典教案。她坚持真心教学,真爱育人,80多岁高龄仍不舍讲台,她的教育理念和教育实践影响了无数的师生。

高山仰止,虽不能至,然心向往之。对于老师那样的大家风范,我们有无尽的赞美,更要无尽地追寻。

三、敬仰教育榜样

特级教师于永正说:"精心备课,把握准教材,把教材装在心里。准备好教具,组织好教学。一旦学生安静下来,要尽可能地展示自己的特长和才能。"在优秀教师看来,严谨地治学,勤奋地工作,无私地奉献,对学生必然产生一种无声却极有影响力的教育。

人民教师誓词明确:我志愿成为一名人民教师,忠诚党的教育事业,遵守教育法律法规,履行教书育人职责,引领学生健康成长,做到有理想信念,有道德情操,有扎实学识,有仁爱之心,为教育发展、国家繁荣和民族振兴努力奋斗!由此,我们可以对教育榜样的品格进行描述。

(一)教育榜样要有政治品格

教育榜样的品格表现为爱党、爱国、爱社会主义,这是一名教师的政治底线。有了这份底线,教师就不会犯意识形态的错误,就不会对下一代的教育造成不良的影响。虽说是底线,要做到却并不容易。有的教师在课堂上往往有意无意地把生活中的不如意和对社会的不满情绪流露出来,使学生的思想产生混乱,这就是缺乏政治意识的表现。我们的教育目标是培养合格的社会主义建设者和接班人,因此教师的政治品格是第一位的。

（二）教育榜样要有法治底线

教育榜样的品格表现为严格遵守教育法律法规。《教育法》《教师法》《未成年人保护法》等法律法规,对教师从事教育活动作出了严格的法律规范,每位教师都必须遵守。但在实际生活中,教师违背法律法规的现象仍然时有出现,如体罚或变相体罚学生,侮辱学生人格,给学生的身体和心灵造成极大的伤害。所以,新教师从踏上工作岗位起就要对法律法规心存敬畏,防微杜渐,确保职业道路从一开始就不走偏,严格依法执教。

（三）教育榜样要有教育情怀

教育榜样的品格表现为履行教育职责。教师的教育职责就是教书育人,既要教好书,又要培育人。现实中,只教书不育人的现象还是经常出现。有的教师一心只教圣贤书,只传授知识,对学生的品行却不管不顾、不闻不问,这就是没有很好地履行教育职责。人们常说：一日为师,终身为父。一个父亲会放任自己的孩子不管不顾吗？一个只教书不育人的教师绝不是称职的教师。

教育榜样的品格表现为达到"四有"教师的标准。"四有"标准涵盖了理想信念、道德情操、扎实学识、仁爱之心。做到这"四有",距离优秀教师的标准也就不远了。从古时的"传道、授业、解惑"到传媒高速发展的信息时代,要求教师不断学习并调整自己的知识结构,给学生提供更多的学习与交流机会；要求教师改变"两脚书橱"的呆板形象,积极自发地投身教育改革；要求教师以教育榜样的品格为追求,让自己不断变得更优秀。

四、学习教育榜样

我们不会刻意去模仿教育榜样,但是榜样或者说明天的榜样就在我们的身边。名师之所以成为名师,是因为他们有个性,他们教出了个性,教出了风格；他们有坚持,敢担当,在纷繁的社会中奋斗出精彩的人生。

教育家魏书生就是这样一位值得模仿的教育榜样。语言学家吕叔湘曾说："要是年轻一半,我一定要拜他为师,向他学习。"

魏书生在初中语文教学实践过程中,不断思考和探索,逐步形成了一套教学方法,包括定向、自学、讨论、答疑、自测、自结六个步骤,即"六步课堂教学法"。这套教学法是以信息论为理论基础创立的,其结构主体是建立信息、处理信息和反馈信息。在教学实践中,他还根据文章本身的特点和学生理解课文的程度作出调整。这套教学法不仅能加强教师与学生之间的互动,还能激起学生对学习的兴趣。

教育有其自身的规律,也有共通之处。以魏书生这样的教育家为榜样,一定能够让新教师走好职业生涯的第一步。

(一) 与榜样比照

"以人为镜,可以明得失。"与榜样比照就是以榜样为镜,照见自己的不足和短板,发现榜样的长处和闪光点,从而补齐短板,不断进步。

(二) 向榜样看齐

榜样之所以为榜样,除了有扎实的学识功底外,还要有崇高的师德修养,这是日积月累的精神财富。向榜样看齐更重要的就是加强师德修养,让自己的精神变得丰盈。

(三) 敢于做榜样

模仿教育榜样是为了成长,成为合格的教师,这只是教师生涯的第一步。新教师要有"长江后浪推前浪"的勇气,要有教无止境的锐气,要有敢于做榜样的志气,有此"三气",必成大器。

【案例】

"时代楷模"张桂梅

丽江华坪女子高级中学是一所大山里的免费女子高中。就是这所高中,创造了当地的教育奇迹:它的历史很短,招收的大多是贫困、辍学或落榜的女学生,全校高考上线率、升学率却连年高达百分之百,本科上线率稳居丽江市前列。自2008年建校以来,已有1600多名大山里的女孩从这里考入大学。这一奇迹在很大程度上归功于这所女子高中的校长张桂梅数十年的呕心沥血。

一份诊断书上,医生密密麻麻地给她列出了骨瘤、血管瘤、肺气肿、小脑萎缩等17种疾病。她数次病危入院抢救,体重从130多斤掉到了90斤,饱满的圆脸瘦成了干瘪的尖脸,甚至连从椅子上站起来都需要人搀扶……即便如此,只要一出院,她总会第一时间出现在熟悉的校园。

已经无力站上讲台上课的她,十几年来坚持着一项颇具仪式感的"日常工作"——每天5点15分,都会准时从女生宿舍的铁架床上爬起,忍着全身的疼痛,乘坐宿管员的电动摩托车来到教学楼,颤巍巍地从一楼爬到四楼,把每一层楼道的电灯点亮。

"女孩子胆小,把灯提前打开,她们来晨读时会感觉更安全、更踏实。"张桂梅如此解释自己的这一行为。

2018年初,张桂梅再次病危住院,她感觉自己可能挺不过去了。当县长来医院看望她时,她拉住县长的手说:"我的情况不太好,能不能让民政部门把丧葬费提前给我,我想看着这笔钱用在孩子们的身上。"在生命垂危之际,她仍挂念着学生。

如今,回想起要预支丧葬费这件事,张桂梅仍坚持说:"哪天如果自己突然走了,千万不要操办什么丧事,骨灰撒到金沙江里就完事了。"

2020年11月,张桂梅被中宣部授予"时代楷模"称号。

锤炼教育本领

为了实现立德树人的教育目标,新教师应不断自省,牢固树立爱党、爱国、爱社会主义的坚定信念,不断锤炼教育本领,努力提升自身文化素养,提高教育教学能力,完善教育人格。不仅如此,新教师还应成为中华传统文化和人类文明的传承者和培育者。

一、牢记从教初衷

"不忘初心、牢记使命"是对全体中国共产党党员的要求。对教师而言,一定要不忘教育初心,即做一名优秀的教师,教书育人,一辈子初心如磐,矢志不渝。

(一) 甘于平凡

能把教师这份平凡的工作做到极致,应该是我们从教之初的最大心愿。能在平凡的岗位上作出不平凡的业绩,则是一件幸福的事情。无论你做教师的最初动机是什么,一旦你走上这个岗位,你就要甘于平凡,甘于为他人作嫁衣。教过的学生像庄稼一样一茬一茬地走上了不同的岗位,走向了五湖四海。他们收获了无数的荣誉,取得了骄人的成就,而你却依旧默默无闻,只是两鬓渐渐染上了白霜。成就学生是教师最大的幸福,教出的学生越优秀,教师的幸福感就越强。

(二) 甘于清贫

方志敏烈士在《清贫》一文中说道:清贫正是共产党员的本色。其实,清贫也是教师的本色。教育家孔子被称为教师的典范,他就是甘于清贫的代表。他曾说:"不义而富且贵,于我如浮云。"虽说今天教师的地位不断提高,经济待遇不断提升,但依然要保持清贫的本色。

（三）甘于寂寞

或许几年甚至几十年，你都只是一名默默无闻的普通教师，荣誉勋章都与你无缘，你只是日复一日、年复一年地在灯下备课和批改作业。在寂寞中，你的青春渐渐消失了，你的额头开始出现皱纹，你的两眼开始昏花。你问自己：这是我要的生活吗？我还能忍受这样的寂寞吗？这时，请想一想那些偏远山区的乡村教师，没有比他们更艰苦的环境，也没有人比他们更寂寞了。

（四）甘于奉献

有人说，选择做教师就是选择了奉献。奉献有大有小，有人觉得做一名普通教师，他的奉献是微乎其微的。其实，这样的想法是不对的。百年大计，教育为本。教育关乎国家的未来和民族的希望，关乎中华民族的伟大复兴。虽然你觉得只是尽了一名教师的本分，但你要看到，也许你不仅改变了一个孩子，还改变了一个家庭。无数个孩子、无数个家庭汇聚起来就是伟大的民族。所以，每一名教师都不要妄自菲薄，都不要轻视自己的职责，看似微小的奉献，其实与国家和民族的命运息息相关。

二、提升人文素养

作为教师，一定要努力提升自己的人文素养。正如我们常说的，要给学生一杯水，教师自己先要有一桶水。

（一）学会学习

1996年，国际21世纪教育委员会主席德洛尔向联合国教科文组织提交了研究报告——《学习：内在的财富》。该报告提出了学习"四大支柱"问题，全面阐述了国际社会对人类未来和学习问题的理解，成为国际社会的一份学习宣言。如今是信息爆炸时代，知识大潮不断更替。教师自身的知识结构也会不断老化，需要不断更新，唯一的方法就是不断学习。一个不断学习的教师能够始终了解世界前沿科技，能够不断更新自己的知识结构，能够始终站在世界科技浪潮的前端。

（二）热爱阅读

古今中外一切名著、专业的或非专业的各类书籍，都应纳入教师阅读的范畴。英国哲学家培根曾说："读史使人明智，读诗使人聪慧，数学使人精密，哲理使人深刻,伦理学使人有修养,逻辑修辞使人善辩。"可见关于读书,中外学者的看法是一致的。"腹有诗书气自华",意思是书读多了,一个人的气质会不知不觉地发生变化,书卷气自然会由内而外散发出来。教师热爱阅读不仅是为了提升自身的人文素养,更重要的是要给学生作榜样。一个不爱读书的教师,怎么能培养出爱读书的学生呢?

(三)培养广泛的兴趣

人类社会发展到今天,知识的传授已经不限于口耳相传了,教师也不再是知识的化身。要做一名好教师,不仅要有扎实的专业理论素养,还要有广博的知识,这就需要教师培养广泛的兴趣。教师在培养兴趣的过程中,可以增加见闻,陶冶情操。

三、增强教育能力

教师的教育能力包括专业能力和与人沟通的能力。专业能力是教师站稳三尺讲台的基本功,与人沟通的能力则是与学生和家长良好沟通的基础。

(一)提高自己的专业能力

实践出真知,专业能力的提高一定是在教学实践过程中发生的。就像人们常说的"在游泳中学游泳",纸上谈兵,难以取得成功。认真上好每堂课和备好每节课既是教师的基本任务,也是教师的基本功。在看似日复一日的过程中,教师的教学能力也在不知不觉中得到提升。另外,教师也可以通过培养自我反思来提高专业能力。教师要不断反思自己的课堂,反思自己的教学方法,进而发现自身的不足,并及时改进。优秀教师就是这样一步一步成长起来的。

(二)提高教育学生的能力

教师只是一个身份,能否胜任教育工作还要看具体实践。每个学生都是一个独特的个体,家庭背景、性格特点、兴趣特长各有不同。教师要掌握一些心理学常识,要了解学生的心理特点,有针对性地开展教育工作。就像医生治病需要对症下药一样,教育学生也要有的放矢。在繁复而具体的学生政治思想和道德品质教育工作中,教师一定要以德育人,以理服人,切不可以势压人。

陶行知先生"三颗糖"的故事或许可以带来一些启示。有一次,陶行知先生看到一个孩子用石头砸人,他就叫这个孩子一会儿到他办公室去。这个孩子忐忑不安地来到办公室,却发现陶行知先生还没有来。过了一会儿,陶行知先生来了,看到孩子却没有批评,只是从口袋里拿出一颗糖说:"你来了,我却迟到了,奖励你一颗糖。"陶行知先生又摸出第二颗糖说:"刚才我错怪你了,你是干部,在管理学生,再奖励你一颗糖。"这个孩子拿了两颗糖愣住了,连忙诚恳地承认错误。陶行知先生又拿出第三颗糖说:"能自己认识到错误,再奖你一颗。好了,我的糖分完了,你的问题也解决了,现在你可以走了。"就这样,陶行知先生只用了三颗糖,三言两语就教育了这个学生。虽然没有严厉批评,没有大声训斥,但我们可以相信这个学生再也不会犯类似错误了。

(三)善于与家长沟通

新教师往往不善于与家长沟通,也不重视与家长沟通,认为只要与学生打交道就够了。这种认识实际上是比较片面的。父母是孩子的第一任老师,家庭教育具有学校教育无可替代的作用,在学校教育中变得越来越重要。家长的教育理念、教育方法对孩子的成长至关重要。因此,加强与家长的沟通,争取家长的支持,是做好学校教育的一个重要方面。教师如何提高与家长沟通的能力呢?首先要找到共同点,这个共同点就是家长都望子成龙,而教师的职责就是把学生培养成人。在这个共同认识的基础上,教师要让家长理解自己的教育方法,坦诚相待,方可得到家长的支持。

四、完善教育人格

教育人格就是教师在教育过程中逐步形成并不断完善的道德品格。

(一)以爱为基石

爱是教育的源泉,没有爱的教育,就像缺少水的沙漠,难以培植出繁茂的花草树木。教师要以宽广的胸怀去爱每一个学生,无论他是优秀的还是顽皮的,无论他是健康的还是残障的,只要他是你的学生,你就要无条件地去爱他。

世界上没有两片相同的叶子,学生也是这样,需要教师无区别地关爱每一个孩子。新教师要虚心向身边的老教师学习,反思自己身上的不足,观察老教师是如何与学生及其家长交流的。或许一些看似琐碎的絮叨或容易忽视的细节,就决定了你在学生及其家长心目中的形象。例如,新生点名这件小事,有经验的老教师都会事先做一下功课,把学生的姓名读准确,以免尴尬。如果遇到不会读学生名字的情况,可以诚恳地走到学生面前,亲切地摸着他的小脑袋说:"老师也不会读你的名字,你能走上讲台向大家介绍你名字的含义吗?"这位学生自信满满地走上讲台,老师以热烈的掌声给予回应。新教师更要多一份细心,把这份关爱带给你的学生。

教育的根本任务是培养人。培养什么人?怎样培养人?学校和教师的责任重大。中国人民大学附属中学校长刘彭芝曾说:"教育应该让每个孩子都能健康快乐地成长,使他们适应未来的生存环境,过和谐、幸福、有价值、有意义的生活。"这就要求教师要关爱每一个学生,要使一切教育教学活动都围绕着学生现在的生命发展和未来的生命可持续发展而展开,同时强调教师要做好教育教学实施者和学生成长的引路人,从而提高和发展自己的职业生命质量和人生质量。

(二) 以独立精神为核心

为人师表是对教师的共性要求,但是每一个教师都是独立的个体,一定要有独立精神。在教学路上,教师一定要坚守自己的教育人格,保持自己的独立精神,切不可为金钱权势所左右,而改变自己的教育初衷。以身作则、为人师表是教师获得学生信任、尊重的前提。以身作则就是严格遵守师德规范,为人师表就是言行举止处处成为学生的表率。

学生每时每刻都注视着教师的言行举止。世界上没有任何人受着像教师这样严格的监督,也没有任何人对学生的心灵产生过像教师一样深远的影响。教师怎样做到事事、时时、处处为人师表呢?那就必须严格要求自己,做到遵守社会公德,衣着整洁得体,严于律己,作风正派,以身作则,注重身教;必须不断提升自我修养,陶冶情操,自觉用师德规范自己的言行举止,自觉增强教育事业心和责任感。只有这样,才能做到为人师表。

(三) 以公正平等的价值观为标准

在教育学生的过程中,教师一定要秉持公正平等的价值观。公正平等就是要讲真理,要用事实说话。讲真理是指要讲真话、讲科学,不能讲假话、讲谎话。讲真话是指用客观事物发展规律的科学知识来教育学生。要顺"理",要用真理启迪学生的思想,用真理塑造学生的灵魂。要用事实来教育学生,不仅要讲道理,还要有事实根据,要用丰富的事实来论证理论的正确性,论证各种品德规范的合理性和科学性。

1. 旗帜鲜明,分清是非

所谓旗帜鲜明,就是在摆事实、讲道理时,要鲜明地指出反对什么,坚持什么,不能模棱两可,含糊不清。旗帜不鲜明,是非不分清,教育就没有力量,就达不到应有的教育效果。分清是非就是价值观问题。青少年学生处于价值观的懵懂期或养成期,模棱两可的教育不仅解决不了问题,反而会让学生产生困惑,引发怀疑。

2. 有针对性

教师对学生进行教育时,要讲清道理,摆出事实,要针对学生思想上存在的实际问题进行启发和引导,清除其思想障碍,纠正其错误,使学生形成正确的价值观。所谓"有理不在声高",是指有时和风细雨的教育更能达到润物细无声的效果。不能压服学生,或以惩罚代替教育,不能用简单粗暴的惩罚、体罚或变相体罚来代替本应耐心细致的思想教育工作。

3. 注意情感的渗透

在思想教育工作中,教师的语言一定要有感染力。教师要善于使用情感化的语言,要晓之以理、动之以情,因为只有通情才能达理。教师应热爱学生,因为只有真诚地热爱学生,他们才愿意自觉地接受教育,这是思想教育工作能否对学生产生积极、良好作用的前提条件。情感是可以传递的,教师的爱通过语言、表情传递给学生,会相应激发学生产生爱的共鸣,这就让教育有了趋同的基础,真正起到教育的效果。

4. 讲究语言艺术

教师要通过语言艺术来触动学生的心弦,使他们既有理智的增益,又受到道德的熏陶和艺术的感染。在一种美的享受中,学生的心灵与感受都得到放飞和升华。

5. 思想教育要讲民主性

教师要允许学生提出不同的意见,允许学生不服气,切忌简单粗暴,以势压人。要顺"性",这是因为人的思想品德的形成和发展是不平衡的,学生难免会产生不同的意见。这时,教师要耐心地开导,甚至要耐心地等待,允许学生有思想消化和思想反复的过程。这个过程也许要一天、两天、一周,甚至更长的时间。这就是我们平时所说的"温处理"。

6. 学会幽默的教育艺术

幽默是生活的润滑剂。谁都不希望自己面前站着一个整天板着面孔的人,学生更是如此。掌握一点幽默的艺术,既能帮助学生放松心情,又能让学生走近你。但幽默应止于讥讽,止于无聊的调笑。

7. 学会宽容

学生用他的无知与偏执让你生气,家长因对孩子的偏爱与袒护让你动气,领导因对你的误解让你怄气,而自己有时也对自己不满意,低着脑袋生自己的闷气,这些汇聚到你身上就是恶气攻心。气生了不少,但问题没有得到解决,所以你得学会原谅,学会宽容,原谅与宽容那些让你生气的人与事。

"十年树木,百年树人。"教育事业本身就光荣而艰巨,学生的政治思想和道德品质的教育工作更是"艰辛数十载,荣辱辛酸共"。以德育人,以理服人,让"朽木"可雕,让"枯枝"发芽,让"顽石"低头,让"铁树"开花。

践行教育理想

如果说树立教育理想是给自己确定了最终目标,那么践行教育理想就是实现目标的跋涉过程。人生道路从来不是一帆风顺的,在实现理想的过程中会遭遇各种挫折和坎坷,会犹豫、彷徨甚至怀疑,此时应何去何从?想想自己的初心,想想自己的人生价值,再想想自己的成长经历,只要方向不偏,初心不改,就可义无反顾,坚定前行。

一、理想成就事业

理想就像指路明灯,指引人前进的方向,让人往确定的目标坚定前行。新教师应该成为一名胸怀理想、充满激情和诗意的教师,成为一名自信、自强、不断挑战自我的教师,成为一名善于合作、具有人格魅力的教师,成为一名充满爱心、受学生尊敬的教师,成为一名追求卓越、富有创新精神的教师,成为一名勤于学习、不断充实自我的教师。

(一)认识自我

入职之初,新教师就要有一个明确的目标,即要成为一个怎样的教师。有了这样的目标,才能为自己的职业生涯制定明确的规划。首先要认识自我,看到自身的优势和不足。围绕人文素养、学科教学、班主任工作、教育教学理论学习与研究、教育教学成效等方面确立阶段发展目标、采取的方法与措施、预期效果等。认识自我的一种好方法是"见贤思齐,见不贤而内自省"。把他人的长处作为自己的参照,就能发现自身存在的不足,从而努力地去补齐这个短板。认识自我的另一个方法是不断进行反思。曾子曰:"吾日三省吾身:为人谋而不忠乎?与朋友交而不信乎?传不习乎?"这里的反思是指对每天的教育教学工作中的得失进行反思。

（二）学会教学反思

美国心理学家波斯纳提出：教师成长＝经验＋反思。教育教学反思犹如一面明镜，成为新教师专业成长的重要途径。然而，很多新教师并没有清楚地认识到反思的重要性。其实，反思是反省、思考、探索和解决教育教学过程中的成功与不足之处的过程，如偶发事件、瞬间灵感、阶段性感悟。反思的真谛就在于教师要敢于和善于突破、超越自我，不断地向更高层次迈进，也是教师自觉地把自己的教学实践作为认识对象并进行反观自照。把握实践反思具有不可替代的个性化特征，所以有可能形成个性化的教学模式。新教师养成写教学反思的习惯是一种很好的提升方法。写教学反思，贵在及时，贵在坚持，贵在执着地追求。

（三）尽快转换角色

尽管新教师的学生气还没散去，在学生时代养成的坏习惯还在延续，但从参加新教师培训的第一天起，身份已经变了。社会对教师和学生的要求也截然不同，很多对学生来说是很平常的事情或可以犯的错误，但对教师来说就不允许，会损害自己的形象、威信，甚至带来严重的后果。教师的一言一行在学生看来不仅是知识，更是对学问和人生的理解。教师的每一句话、每一个发音、每一个计算甚至每一个观点，学生都会认真审视。此时，如果不能树立角色转换意识，对自己已从大学生转变为教师没有明确的意识，就很难适应教师工作，甚至工作好几年后仍不适应。所以，大学生要尽快完成角色转换，从一开始就严格要求自己，明确教师的职责，并自觉地树立主人翁意识和奉献精神，主动适应工作环境，更好、更快地完成角色转换。

二、培养健康心理

对教师来说，健康心理就是积极乐观的心理，就是对教育教学工作永不满足的心理。

（一）真正热爱教师职业

干一行，爱一行。健康心理的前提是热爱教师这份职业。虽然历来对教师职业的赞誉不绝于耳：阳光底下最光辉的职业，最神圣的职业，关乎国家和民族前途命运的职业。有人把教师比作蜡烛,燃烧了自己,照亮了别人。但是,一旦跨入教师这个行业,新教师很快就会发现自己陷入了烦琐的事务中。不仅要完成每天的教学工作,如备课、上课、批改作业,还要管理班级孩子的日常行为规范,面对各种各样的班级考核和业务考核。整天忙得像一个陀螺团团转,不仅身累,还心累。时间一久,就会对教师职业产生怀疑,就会产生倦怠。这时,一定要想一想自己做教师的初衷。

(二)悦纳工作压力

面对繁重的工作压力,新教师还要换一个角度去思考。所谓"天将降大任于是人也,必先苦其心志,劳其筋骨,饿其体肤,空乏其身",压力正是对自己的一种磨炼,要善于主动接纳。

(三)合理规划工作

熟悉了教学工作后,让每天的教学做到有计划、有步骤地去实施。什么时候上课或备课,这是必须完成的任务,但是与学生谈话谈心的时间是可以自己确定的。把工作分成轻重缓急,有序处理,你会发现原来那么烦琐的工作变得越来越轻松,你的快乐也会越来越多,也会越来越自信。心情愉悦了,心理自然就健康了。

三、增强抗挫能力

生活从来不是平坦的,会遇到各种各样的挫折与坎坷。入职之初,新教师常常会碰到各种各样的问题。第一是教学。优秀教师一站上讲台就活力四射,讲课如行云流水,课堂充满活力;再看看自己的课堂教学,讲解时磕磕巴巴,学生听得无精打采,课堂气氛沉闷不已,上课变成了苦差事。这时,新教师就会不停地看手表,不断地想什么时候下课铃声响起。一堂课下来有种度日如年的感觉,感觉到强烈的挫败感。第二是教育工作。看老班主任的管理,井然有序,有条不紊,工作驾轻就熟;再看自己的班级工作,疲于应付,劳心又劳力,班级工作却一团糟。有时,不由得怀疑自己是否缺乏做班主任的能力。第三是与家长的沟通障碍。学会与家长沟通也是一门学问。与通情达理的家长怎么交流?与护短或蛮不讲理的家长怎么沟通?与家长沟通不了又怎么办?这些都是摆在新教师面前的问题。如果处理不好,不仅会让自己的形象受损,还会增加家校矛盾。

(一)增强抗挫能力的方法是学习

教师职业很特殊,因为学生各具个性。尽管大学生在学校里学到了很多知识,或许在某些领域也有独到的见解,但接触的内容往往是纯理论,很难付诸实践操作。所以,新教师要增强学习意识,注意保持谦虚谨慎的姿态,多向老教师虚心请教,不断收获实践经验。比如,课程的进度如何控制,学生违纪违规后如何处理,学生学习兴趣如何激发,与家长如何沟通,等等。同时,要尽可能地多听其他教师的课,虽然每位教师上课的风格不一样,但都有值得学习的方面。我们不仅可以从中选取一些比较好的、适合自己的教学方法来为自己所用,还可以让其他教师来关注我们,经常主动邀请其他教师来听我们的课,这样可以克服自己的不足,学习别人的优点。

(二)增强抗挫能力的态度是不服输

教育教学中遇到挫折是难免的,如何对待挫折往往是衡量教师能力的标尺。优秀教师常常越挫越勇,在挫折中走向成功。海明威的《老人与海》告诉我们:人可以被打倒,但不可以被打败,这是对抗挫折的坚强态度。

(三)增强抗挫能力的基础是主动实践

多做多错,少做少错,这是谁都懂的道理。但是反过来想,多知道错误正可以少犯错误,主动实践恰恰是少犯错误的基础。"吃一堑,长一智"也正是这个道理。"生活给我以痛,我却报之以歌",如果做到这样,你一定能成为抗挫能力极强的教师。

四、实现人生价值

世界观、人生观、价值观常常决定了我们会成为一个怎样的人。何为人生价值?教师的人生价值体现在哪些方面呢?

(一)教师的人生价值体现在不虚度光阴

奥斯特洛夫斯基在《钢铁是怎样炼成的》一书中写道:"人的一生应当这样度过:当你回忆往事的时候,不会因虚度年华而悔恨,也不会因碌碌无为而羞愧;在临死的时候,他就能够说:'我的整个生命和全部精力,都已经献给了世界上最壮丽的事业——为人类的解放而斗争。'"这是战争年代的人生价值。对教师来讲，可以将整个生命和全部精力献给新时代教育事业，这同样是崇高的人生价值。

（二）教师的人生价值体现在桃李满天下

日复一日，年复一年。当我们看到教过的学生在各行各业的不同岗位上工作得很好，为社会作出了重大的贡献，那种幸福感油然而生。虽然你依旧默默无闻，但是心里无比满足。成就学生是教师最大的人生价值。

（三）教师的人生价值体现在对教育事业作出的贡献

虽然在整个教育领域中，你仅仅是一朵非常微小的浪花，或者是航空母舰上的一颗螺丝钉，但是浪花完成了使命，螺丝钉发挥了作用。正是因为每一名教师个体的存在，才使我们的教育事业不断健康发展。

修炼三

做一名有担当的教师

◉ 百年大计,教育为本;教育大计,教师为本。教育引导怎样的价值取向,青少年便拥有怎样的精神追求;社会各单元捍卫怎样的价值内涵,青少年就会在潜移默化中涵养怎样的精神气质。"要抓住青少年价值观形成和确定的关键时期,引导青少年扣好人生第一粒扣子。"教师对自我的认识越合理,就越能够重视师生关系的建构,从而保障教育教学的成效。教师要学会如何正确看待自我,对学生的成长有科学认知,不断加强学习、提升素养、完善自己和锤炼品格,明确立德树人、为国育才的神圣职责和使命担当,这样才能真正肩负起立德树人的根本任务。

努力提升个人素养

做一名有担当的好教师,意味着要有高尚的道德情操和仁爱之心,努力提升个人素养。提升个人素养不仅是时代发展、社会发展、学校发展的需要,还是教师实现自我价值的需要。本节从主动扩充知识储备、积极提升品格修养和彰显待人接物的基本礼仪进行阐述。

一、主动扩充知识储备

教师一定要注重学习,因为教育的环境和政策都在不断变化,如果不注重学习,就可能会被淘汰。同时,教师要想自己在教育变革中不被淘汰,就要做时代的学习者,这样才能成为时代的成功者和引领者。在学习中,教师要不断扩充自己的知识储备,向各领域学习,博文广知,不做井底之蛙。

教师的知识是指教师所具备的各种知识及其掌握程度。从内容上说,一般包括文化基础知识、专业学科知识、教育学和心理学知识。从知识形成的类型上说,有间接知识,也有直接经验。前者是指从书本中学习的知识,后者是指教师在长期的教学工作中不断探索并总结出来的一套课堂情境知识和问题解决知识。根据教师知识结构的功能,可以将教师的知识结构分为四种类型:本体性知识、条件性知识、实践性知识和文化性知识,它们共同构成了教师的知识结构。

(一)本体性知识

本体性知识是指教师所具有的特定的学科知识,如语文知识、数学知识,这是人们普遍熟知的一种教师知识。教师的本体性知识是教学活动的基础。在教学活动中,必须以本体性知识的传授为基础。教学的最终绩效是用学生掌握的本体性知识的质量来衡量的,而具有丰富的学科知识仅仅是成为好教师的一个必要条件。①

（二）条件性知识

条件性知识是指个体在什么时候、为什么以及在何种条件下才能更好地运用陈述性知识和程序性知识的一种知识类型。在教学中,条件性知识是指教师知道在什么时候、为什么以及在何种条件下才能更好地运用原有知识、经验开展教学的一种知识类型,即如何将本体性知识(学科知识)以学生易理解的方式表达、传授给学生。②

（三）实践性知识

实践性知识是教师积累的教学经验,是指教师在实现教学目的的行为中,所具有的课堂情境知识以及与之相关的知识。教师的教学不同于研究人员的科研活动,教师的教学具有明显的情境性。实践性知识受个体经历的影响,这种知识的表达包含丰富的细节,并以个体化的语言形式而存在。如果把教师的教学看作程式化的过程,忽略教师的实践知识,则不利于取得富有成效的教学效果。③

在教育工作中,很多情况需要教师机智地对待,这种教育机智不是一成不变的,可能在一种情况下比较恰当,在另一种情况下就不恰当了。只有针对学生的特点和具体情况恰当地处理,才能表现出教师的教育机智。在处理特殊教学情境时,教师所采用的知识来自个人的教学实践,具有明显的经验性。

教师知识结构的上述三方面是紧密联系的:本体性知识是教学活动的实体部分,条件性知识对本体性知识的传递起到理论支撑作用,实践性知识对本体性知识的传递起到实践指导作用。

（四）文化性知识

教师丰富的文化性知识不仅能丰富学生的精神世界,还能激发学生的求知欲。事实上,学生的全面发展在很大程度上取决于教师具有广泛而深刻的文化

---

① 高曦平.构建信息技术环境下教师专业发展的模式[D].苏州:苏州大学,2008.
② 李宇哲.新课程背景下对高中数学教师专业知识需求的调查与分析[D].长春:东北师范大学,2008.
③ 储召红.高校教师教学素质结构的初步探讨[J].现代教育科学,2007(3):70-73.

背景知识。具体来说,教师的文化知识包括基本哲学理论知识,如辩证唯物主义和历史唯物主义知识,以及现代科学和技术的一般常识等。

总之,教师需要掌握方方面面的知识,不仅要广,还要深。同时,我们的身边有许多优秀的、有经验的教师,他们或是某方面的专家,或是某学科的教学能手。我们要虚心向他们请教,请他们指点迷津。另外,教师在平时的教育教学工作中要学会反思,善于总结。以"吾日三省吾身"的态度,积极提炼工作中的得失。日积月累,这些便可成为教师知识宝库中的一笔可贵的精神财富。

二、积极提升品格修养

优秀的教师用知识丰富学生,用人格打动学生。教师在学生的成长过程中起着桥梁作用,只有不断提高自身的品格修养,才能培养出自尊、自爱、自信和有创新能力的高素质人才。

教师的品格修养主要包括教师的人格素养、渊博的学识、教书育人的能力、宽容善良的心地、高尚的品德修养、执着钻研的精神等方面。

(一) 思想政治素养

教师的思想政治素养是指教师在政治方向、政治立场、政治观点、政治品德和思想作风等方面的基本情况的总和。它影响着教师的世界观、人生观、价值观、幸福观、节操观、责任感、义务感、荣誉感等。我国社会主义的社会性质要求教师在思想政治方面必须有坚定的共产主义信仰、强烈的爱国热情和较高的政治理论素养。

(二) 道德素养

教师的道德素养是指教师在道德品质方面的修养,是教师在道德认识、道德情感、道德意志和道德行为上的稳定特征。教师道德素养包含的内容十分广泛,其中确立积极的人生观最为关键。教师有了积极正确的人生观,就会树立正确的人生价值观,进而把成为一名合格的、优秀的人民教师作为自己的价值取向。

(三) 文化素养

教师的文化素养是指教师通过学习和积累而具有的文化修养,以及由此进一步形成的知识体系和结构。文化素养历来都被视为教师的重要素养。一般来讲,教师的文化素养包括三方面:一是专业知识,二是文化基础知识,三是教育科学知识。教师只有具备了丰富渊博的知识面,才能适应新课改的理念,才能促进学生的全面发展。

（四）心理素质

教师的心理素质是指表现在教师身上的稳定的心理特征。它的内容十分广泛,包括心理过程和个性心理特征的各方面。

具体而言,它所包括的内容有:认识因素,即注意力、记忆力、思维力、想象力、观察力等;兴趣因素,即兴趣及其品质,如兴趣的广度、深度、稳定性与效能等;情绪品质,即情绪的稳定性、深刻性等;社会情感,即道德感、理智感、美感等;意志因素,即意志及其品质,如意志的果断性、顽强性、自制性、目的性（自觉性）等;性格因素,即性格特征,如谦逊、自我批评、勤奋、无私奉献、内向性、外向性等;气质因素,即个性情绪和活动的反应强度、速度与表现趋向。

热爱学生不是一件容易的事,让学生体会到教师的爱是比较困难的。然而,当教师的品格修养影响到学生时,在学生身上收到的回报是巨大的。

【案例】

曾 子 杀 猪①

曾子的妻子要到集市去,她的儿子一边跟着她一边哭。于是,曾子的妻子说:"你先回去,等我回家后为你杀一头猪。"曾子的妻子从集市回来后,曾子就要抓住一头猪把它杀了。妻子制止他说:"刚才只不过是与小孩子闹着玩儿罢了。"曾子说:"小孩子是不能和他闹着玩儿的。小孩子不懂事,要跟着父母逐步学习,并听从父母的教诲。如今你欺骗了他,就是在教他学会欺骗。母亲欺骗儿子,做儿子的就不会相信自己的母亲,这不是把孩子教育好该用的办法。"于是,曾子与妻子决定马上杀猪烧肉。

"言必信,行必果",行动实践远胜于说教。在实际工作中,教师就应该为学生们树立榜样,而不是停留在简单的说教层面上,应是一种精神的体现和一种深

---

① 吴忠豪.费洁《漫画的启示》习作教学实录评析[J].语文建设,2021(8):45-50.

厚的文化品位的体现!

三、彰显待人接物的基本礼仪

教师礼仪是教师在工作岗位上待人接物、为人处世的行为规范。作为一名教师,应该注意什么呢?

(一) 自身的仪容仪表与交际用语

首先在着装上,应做到着装整洁,朴实无华;衣服的颜色、款式要与教师的良好气质融为一体,并有时代感,有职业特点。青年教师的服装款式可新颖、活泼,但不追求奇装异服,也不能衣冠不整或不修边幅。在仪容上,要做到端庄大方,符合教师身份。女教师不应该浓妆艳抹、染指甲或留长指甲,也不能佩戴易分散学生注意力的饰物。

在日常交流中,教师要把礼貌用语用于日常口语中,注意不同环境下的音量与语气,待人真挚、热情、谦恭,做到言行一致,表里如一。例如:对学生亲切和蔼,充满爱心,尊重学生的人格;对家长热情礼貌,接待家长时先问好,接待完毕要亲自将其送出室外。青年教师要尊敬中、老年教师,每天第一次见到同事时要问好。总之,对家长体现尊重,对同事体现友爱,对学生体现师爱。

(二) 与家长或学生交流时的恰当用语

与家长交流时,可以使用以下恰当用语:我们一定认真考虑您的意见;您的要求我们明白;请您放心,我们会转达您的建议;谢谢您的帮助等。当学生在校发生意外事故时,应主动向家长报告,并使用以下恰当用语:真对不起,今天……您先别着急;麻烦您观察孩子有什么不舒服,需要我们做什么,您尽管与我们联系。找个别家长谈话时,可以使用以下恰当用语:对不起,耽误您一会儿时间,反映一下××小朋友的近期情况;在……方面要……希望您给予配合。

当学生在学习上遇到困难时,可以使用以下恰当用语:别着急,我来帮助你;你能行,再试一试;有不会的可以请老师或同学帮忙;你有进步了,挺好的,加油。教师与学生语言沟通时,应注意耐心倾听学生的讲话。学生往往比较敏感,特别是青少年时期的学生,很在乎老师对自己的看法。此时,教师如果表现得不耐烦,易让学生对自己没有信心,不利于学生性格的发展。当学生犯错时,教师不应一味地

"训话""责怪",而应倾听学生犯错误的原因,了解他们的诉求。因为倾听能使沟通变得有效,使学生正视自己的错误并改正。在课堂教学中,提问学生有赖于教师的沟通艺术。有的学生其实知道答案,但有时会因紧张而记不起来。这时,教师应给予积极反馈,鼓励学生回忆出关键词,再顺着关键词引导学生说出正确答案。教师在课堂上对学生的肯定都是教师正面沟通艺术的体现。

教师在学校生活中表现的礼仪和沟通艺术,不仅能促进学生的成长,还能提升教师的自我效能感和归属感。教师会对自己的教学岗位有所期待,希望自己教出来的学生都能有所发展,自己也因此能得到肯定。因此,自我效能感会形成一种动力,促进教师对自身教学行为进行反思。对教师来说,礼仪和沟通艺术也是一种指导学生的方法。教师在言传身教中给予学生正面的肯定,学生因教师礼仪和沟通艺术而受到鼓舞,不断成长,这让教师不断肯定自身教学,最终自我效能感得以提升。

当教师的教学能力得到周围同事和领导的普遍认同后,教师也会慢慢地形成对本岗位和本单位的归属感。这样有利于教师职业的稳定,对学生、教师和学校都有长远的益处。教师礼仪和沟通艺术在促进教师自我效能感不断提升的同时,还会使教师不断得到周围的肯定,进而提升教师的归属感。

坚持锤炼职业品质

做一名有担当的教师,必须具备经得起锤炼的职业品质。蔡元培说:"教育者,非为已往,非为现在,而专为将来。"扎实的教学基本功是教师的职业素养之一,而具备相应的科学教育观念是实施教书育人实践活动的优秀职业品质,是学生核心素养发展的关键。只有教师拥有了经得起锤炼的职业品质,才能不断提升教育教学的高效能。

一、扎实的教学基本功

习近平总书记发表的有关"好老师标准"的讲话中,有一条提到了好老师必须有扎实的学识,这就包含教师的教学能力。教学能力是每个教师必须具备的基本素质,如何夯实教学基本功是教师必须解决的现实问题。

(一) 掌握必备技能

板书、语言、教态是教学基本功的核心,是教学美的体现。板书要规范、清晰、流利,具有美感。教学语言要有逻辑性、组织性、连贯性,要亲切和谐,简洁优美。教态包括手势、表情、体态、眼神、服装等。教师要用得体的手势、眼神、微笑来表达对学生的肯定,这样就能引起学生心灵上的震撼与沉思,就能激发学生的学习积极性。另外,教师要合理利用多媒体教学工具,将抽象的知识制作成生动的、条理清晰的多媒体课件,这能极大地促进学生对知识点的理解、消化和吸收。

(二) 组织课堂教学

组织课堂教学包括解读教材、教学设计、因材施教、教学评价、教学反思几方面。

解读教材主要是明确教材的教学目标,清楚教材中的重点、难点,解决教材中的疑点。解读教材包括整体解读、单元解读和课文解读。

教学设计是根据课程标准的要求和教学对象的特点,将教学诸要素有序安排,确定合适的教学方案设想和计划。一般包括教学目标、教学重点和难点、教学方法、教学步骤与时间分配等环节。

在组织教学时,教师要做到发现问题,及时疏导;抓住苗头,正确指导。在教学中,教师要因材施教,即选择适合每个学生特点的学习方法,有针对性地进行教学,发挥学生的长处,弥补学生的不足,激发学生的学习兴趣,帮助学生树立学习信心,从而促进学生全面发展。

教学评价的方法主要是测验、观察提问、作业检查、听课和评课等。教师获得评价的反馈信息后,可以及时地调节自己的教学工作,了解教学方法和教学组织中的不足,诊断出学生存在的问题与困难,进而有效地激发学生的学习兴趣,推动课堂深度学习。

最后,一节课上完后,与自我对话,静心沉思,如摸索出了哪些教学规律,教法上有哪些创新,知识点上有什么发现,组织教学方面有何新招,解题的诸多误区有无突破,启迪是否得当,训练是否到位等。教师应及时记下这些得失,写出"再教设计"。这样可以做到扬长避短,精益求精,把自己的教学水平提高到一个新的境界和高度。

(三)注重教育科研

教育科研是对教育实践的科学研究和开发,是对教育现象的分析和提升,是对教育规律的探究和概括,又是对未来发展的预测和把握,其目的是指导和推动教育实践,为教育决策的科学化服务。教师可以紧紧围绕课堂教学中的问题,积极开展问题行动研究,及时总结,形成一定的研究成果,可以推进教育实践的不断完善。

(四)树立终身学习的态度

随着社会的发展,"新课改"背景下的教师应具有新的教育观和知识观。教师要深刻理解"新课改"的意义,明确"新课改"的核心理念和基本观念,明确"新课改"在课程目标、课程内容、课程结构、课程评价、课程资源等方面的创新,改变教学观、学生观和教学行为,树立以人为本的教学理念,既关注教学结果,又关注教学过程,努力成为学生学习的促进者、课程的开发者和教育教学的研究者。

信息化时代下,学生获取知识的渠道更加多样化,他们的道德观和价值观日趋多元化,这对传统的教育教学提出了严峻挑战。教师唯有认真分析自己的现状,加强学习,迎头赶上,树立新的知识观,才能应对社会的快速发展。

二、注重德育工作

中共中央、国务院印发的《关于进一步加强和改进未成年人思想道德建设的若干意见》中提出,"加强和改进未成年人思想道德建设,是全党全社会的共同任务"。学校是对未成年人进行思想道德教育的主阵地。因此,教书育人是教师的基本职责,人人都是德育工作者是由教师职业的特殊性决定的。接下来,主要从以下几方面来谈谈如何开展德育工作。

(一) 身正为范是做好德育工作的基础

德国哲学家雅斯贝尔斯指出:教育的本质意味着:一棵树摇动另一棵树,一朵云推动另一朵云,一个灵魂唤醒另一个灵魂。教师不仅要用自己丰富的学识教人,还要用自己高尚的品格育人。学生在教师身上学习和理解着如何"做人",教师本身品行端正,即使不做要求,学生也能严格要求自己;反之,教师则得不到学生的尊重,即使对学生提出要求,学生也不会服从。教师做事严谨的态度、一丝不苟的精神和说到做到的品质对学生来说其实更是一本可以研读的书。

(二) 以情感人是做好德育工作的关键

"爱"是教师工作中最关键的内容。以情感人,要对学生充满爱心,要想学生之所想,急学生之所急,要将心比心,以心换心。

作为教师,要像关心自己的孩子一样关心学生。另外,赏识学生也十分重要。这无疑会增强学生的自信心,减少自卑心理。当学生取得成功或在原有基础上有所进步时,教师要及时予以肯定,使学生感到"我能行"。

(三) 挖掘教材中的德育素材,结合学科特点渗透德育

在学科教学活动中,德育渗透是一个广阔的空间。教师要仔细研读本学段、本学科的课程标准,特别是三维目标(包括知识与技能、过程与方法、情感态度与价值观),并充分发挥课堂教学主渠道作用,将德育与各科教学融合起来。

总之，只要细心发掘德育教育和学科教学的最佳结合点，并在备课的同时将二者融为一体，就可以让学生潜移默化地受到熏陶。

（四）储备心理学基础知识

新的教育改革体制要求教师不断学习心理学基础知识，将学科知识和心理学知识相结合，了解影响学生身心发展的因素，观察学生身心发展的特点，进而提高自身合理运用教学手段的能力。由于每个学生的接受能力、理解能力、掌握知识的能力各不相同，教师仅仅掌握好学科知识是远远不够的，还需要更好地学习和掌握基础的心理学知识，并运用科学合理的教学方式因材施教，有效提高学生的学习效率。同时，教师需要做好自我心理调解，对自己的情绪进行及时调整，进而更好地适应教学环境。

（五）了解学生、家长及家庭情况

全面了解学生包括了解他的兴趣、个性、家长及家庭情况等。一方面，全面了解学生是开展德育工作的基石，对建立良好的师生关系、顺利开展班级工作和正确引导培养学生具有重要的意义；另一方面，教师在了解学生的过程中也能获得向学生学习的机会，有利于不断丰富自己的教育经验和人生阅历。因此，全面了解学生的过程也是教师不断完善自我的过程。

（六）进行有效的家校沟通

教师为了更好地开展德育工作，必须进行有效的家校沟通。

第一，采取多种形式。在日常教学工作中，教师可以通过以下几种形式来落实好这些家校沟通工作，如可以通过电话、微信等平台沟通以及家访沟通和开放日活动来进行家校互动，让家庭教育和学校教育二者相辅相成。

第二，指导亲子沟通。越来越多的家长在亲子沟通方面感到苦恼与迷茫，期望可以得到教师的指导和点拨。在进行家校沟通时，教师可以从以下几方面进行指导：指导亲子活动，指导家庭学习方法，指导亲子沟通，指导家庭教育。教师要指导亲子开展活动的形式和目的、孩子在家学习的方法、亲子之间沟通的内容方式、家庭教育的方法等。那么，沟通的要点如下。

（1）丰富沟通话题。亲子沟通话题不局限于学习，可以涉及孩子的兴趣、交友、对事物的看法等。走进孩子的生活，与他们多聊聊生活的话题，有助于促进亲子关系的和谐。

（2）指导赏识教育。赏识孩子是一种非常艺术的教育手段，用得好就可以让孩子信心大增。要从真正意义上做到赏识孩子，教师应从以下几点进行指导：指导家长深入挖掘孩子的闪光点，指导家长赏识孩子应体现在行动上。例如，成功回答问题时的表扬、遭遇困境时的鼓励等。

（3）指导正确对待错误。面对孩子犯错时，家长频频生气，作为教师应该如何处理呢？首先，教师要传递给家长的是正确的价值观，即孩子犯错是学习的机会。其次，教师要指导家长科学地纠正孩子的错误。在帮孩子分析错误时，一定要合情合理，要结合孩子的实际年龄给予正确的解读。如果得出的结论对孩子有所帮助，那么就能避免孩子下次重复犯同样的错误。

（七）推动家庭、学校、社会合力育人

家庭教育、学校教育、社会教育是教育的三大支柱，三者缺一不可。为了推进家庭、学校、社会合力育人，教师可以指导开展亲子活动，如中队活动、小队活动等；调动家长联系社会资源，如利用居委会、博物馆、文化馆等开展活动。另外，学校可以组织家长社团活动。例如，奉贤区肇文学校以"悦享会"家长社团活动为抓手，推进新成长教育之家校合力育人促进项目，建立现代教育体系，凝聚家校育人合力，提升学校育人品质。

（八）协同班主任做好德育工作

学生的德育工作主要由班主任负责的同时，还需要任课教师协同完成。班主任同任课教师的教育观念一致，齐心协力将学生往一个方向指路；另外，班主任要协同任课教师积极支持班规，在课堂上执行班规，并有责任地反馈班规的执行情况。在班级管理中，任课教师和班主任协同合作，形成合力，才能取得最佳教育效果。

【案例】

随 机 育 人

张老师在分析讲解课文《我爱这土地》结束时，让学生齐唱歌曲《我的中国心》。这样做，可以让学生记住血，记住罪恶，记住耻辱，记住历史，进而让学生的爱国主义情感得到升华。课后,张老师说:"诗人艾青在国土沦丧、民族危亡的关头,他满怀对祖国深沉的爱和对侵略者切齿的恨,写下了《我爱这土地》。今天,我们过上了幸福的生活,坐在窗明几净的教室里,这样美好的生活是谁给予的?我们是不是也该写一首新世纪的《我爱这土地》呢?"张老师让学生课后抽时间认真写首诗,并交老师评改,选出优秀的给予奖励,这就达到了在教学中渗透德育的目的。

小李这次考试进步了,却在当晚和妈妈大吵一架。原因是小李妈妈没有夸小李,反而夸赞他弟弟学习认真,说小李不求上进。第二天,方老师得知此事后,急匆匆地来到小李家,与小李妈妈进行了交谈。方老师指导小李妈妈要为昨晚没有关注到孩子的进步而真诚道歉,并和孩子互相交流昨晚的想法,做到换位思考。方老师建议小李妈妈要经常和学校联系,和孩子沟通,用"慧眼"关注孩子每日的生活细节,捕捉他成长、改变的点滴。记录成长的角度广泛,不局限于学习成绩,还包括与人交往、责任担当等方面。小李刚上初中时值日工作马虎,现在他出色地完成每天的植物爱心员的工作,已经成长为有责任心、有爱心的班干部了,建议小李妈妈今晚可以以此来表扬。

锤炼职业品质是体现教师责任担当的关键一环。不断提升个人素养,乐意承担家庭责任,尽心恪守社会规范,是教师牢固树立中国特色社会主义理想信念,带头践行社会主义核心价值观的实际行动,是提升自我认知、自我规范、自我成长的过程;不断扎实和提高教学基本功,将教育规律的外在理念不断内化,树立终身学习的态度,勇于投身教育创新实践。以上形成的所知、所信和所想会体现在师生关系的构建中,形成相辅相成、不断循环完善的可持续发展的教育生态。

"路漫漫其修远兮,吾将上下而求索。"新教师只有不断探索与调整,才能逐步成为一名有担当的育人者。

乐于承担家庭责任

家庭教育涉及很多方面,但最重要的是品德教育,是如何做人的教育。作为公民道德建设的关键一环,家庭的作用不可或缺。

家庭不仅是婚姻关系、血缘关系的呈现,还是道德践履的平台和品德养成的起点。从价值观到财富观,从文明习惯到是非判断,家庭生活在潜移默化中塑造着每个人的行为方式。亲子、夫妻、兄弟姐妹各自承担起自己的家庭责任,一方容身之所才称得上温暖和睦的"家庭"。"家和万事兴"的道理并未过时,家庭美德建设依然至关重要。作为新时代的教师,我们要以身作则,培育家庭美德,崇尚良好家风,这样才能为家庭谋和谐,为他人送温暖,为社会作贡献。

一、尊老爱幼——中华民族的传统美德

"老吾老,以及人之老;幼吾幼,以及人之幼。"尊老爱幼是中华民族源远流长的传统美德。这种美德既是社会发展的需要,也是文明进步的需要。尊老是指要尊重、关心、照顾、赡养老人,特别是那些体弱多病、丧失了劳动能力甚至生活不能自理的老年人,让他们老有所养,安享晚年,颐养天年。爱幼是指要爱护、关怀、教育、抚养幼小儿童,特别是那些还不能行走、不会说话、完全不懂自我保护甚至毫无自理能力的婴儿,让他们快乐生活,轻松学习,健康成长。

古训有言,百善孝为先。孝敬父母是中华民族的传统美德,孝亲敬老是营造幸福家庭的基石。生活中有不少这样的榜样人物。

【案例】

2018年度"海上最美家庭"之潘国官、沈黎家庭

被评为2018年度"海上最美家庭"的潘国官、沈黎家庭就是尊老爱幼、学会

感恩的模范。他们双方父母都年事已高,常有身体不适。作为长子、长女的他们,父母一有不适,总是冲在最前面,想方设法为父母缓解病痛。潘国官的父亲患有膀胱癌,大小手术动了5次,最终切除了膀胱,老人的生活受到了严重的影响。每周1次的换药,每3个月1次的小手术,以及生活上的照顾等事务,他们总是冲在最前面,耐心周到,毫无怨言。他们以实际行动影响着家庭中的每个成员,使子女们也学会了感恩。在他们的带动下,只要老人们有困难,儿子儿媳、女儿女婿就全力以赴,帮助老人解决困难。他们有意从小影响子女,只要自己有吃的,就必须分享给长辈,从小养成习惯,学会感恩和分享。目前,就连他们的儿媳女婿也都养成了这种良好的习惯,时不时地给老人送去吃的用的。看到子女们如此孝顺,工作上非常认真,并在各自的岗位上取得了一些成绩,小家庭也十分幸福美满,老人们十分满意幸福。

  老年人为子女和国家辛勤劳动了一辈子,为家庭和社会作出了一定贡献,并在实践中积累了丰富的知识和经验,所以我们要尊老。儿童是家庭的希望、祖国的花朵和民族的未来,是各项事业的接班人,美好的明天要靠他们去开拓和创造,所以我们要爱幼。尊老爱幼是我们每一个人在人生的特定阶段对家庭、对国家、对社会所担负的一种责任。你今天尊老,一来报答父母的养育之恩,二来给子女作出表率;你今天爱幼,也是为自己的晚年老有所靠、老有所托打下基础和做好准备。

二、兄友弟恭——家庭美德的基本要求

  现代家庭结构中,大部分是独生子女家庭。直到国家全面放开二孩政策,一些家庭才有机会生育两个孩子。在古代,大部分家庭的孩子都比较多。每个孩子的出生都有一个自然的顺序,也就是长幼有序。"兄友弟恭"的例子不胜枚举,都体现了兄弟姐妹之间深厚的情义,如有的为了兄弟甚至可以舍弃自己的生命,非常值得我们学习。

【案例】

古代兄友弟恭的故事

  我们知道周王朝八百年长盛不衰,是历朝历代最久的王朝。周文王最有名

的两个儿子:哥哥是周武王,继承了王位;弟弟是大名鼎鼎的周公,两兄弟非常和睦。哥哥周武王为了江山社稷终日操劳,积劳成疾,有段时间身体非常不好,甚至有去世的危险。弟弟周公看在眼里疼在心头,但又不知道怎样才能帮到哥哥,于是写了一篇文章,然后在列祖列宗的灵位面前起誓,请求列祖列宗缩短自己的寿命,延长哥哥的寿命,让哥哥能够继续安定天下。正如《中庸》中的"至诚如神",过了没多久,周武王的身体果真好了一些。周公对兄长的诚心,不只是希望自己的兄长能够延长寿命,他的这种兄友弟恭的精神,更是传给了后世子孙。

唐朝有个大臣叫李绩。李绩 70 多岁的时候,他 80 多岁的姐姐身体一直不好,需要吃中药,李绩就亲自给姐姐熬中药。因为古代人都留着胡须,熬药时火苗时常会烧到李绩的胡须。姐姐非常心疼,就对他说:"家里明明有仆人,熬药的事情交给仆人做就好了。"结果李绩说:"姐姐,你都 80 多岁了,我也已经 70 多岁了,我还有多少机会能为你做事啊,所以我能做的就让我多做些吧。"这时候,弟弟想的是从小到大姐姐照顾他的点点滴滴,这份恩情不敢忘怀,所以趁现在还有机会回报姐姐,就抓住一切机会去做。

这些兄弟姐妹的情义也正是我们需要"见贤思齐"的。周公连命都可以给兄长,李绩处处想着可以为姐姐做些什么,那我们能不能不要为了一些小事情就去跟兄弟姐妹起冲突呢? 现在,有些家庭没有接受过古圣先贤这样的教诲,兄弟姐妹间有的因为老人赡养问题起了纠纷,有的因为财产问题闹上法庭,甚至亲人间反目成仇也屡见不鲜。殊不知,有什么样的家风,就有什么样的家庭。"积善之家,必有余庆。"家庭美德建设不仅要注重弘扬中华民族传统美德,还要培育和弘扬社会主义核心价值观。

三、夫妻和睦——家庭伦理的道德核心

"家和万事兴",夫妻双方在生活中互相尊重,互相关心,互相帮助,坦诚相待。一个家庭的组建是从无到有、从小到大的过程,这个过程必须依靠夫妻双方共同经营。这种经营不仅是指物质上的,更多的是强调精神上的,培养共同的兴趣和爱好,营造良好的家庭氛围。虽然两个人的年龄、性格、文化、志趣等不同,但是在家庭中要能互相体谅,懂得尊老爱幼、宽容谦让,形成互相理解、尊重、平等、关爱的文明家风。

【案例】

平凡人生　最美家庭

居住在奉贤区南桥镇奉浦二村的韩国林用他的肩膀默默地扛起了一个家，十几年如一日地照顾患病妻子，从不抱怨，从不放弃，用自己的行动为妻子撑起了一片天。

韩国林年轻时是一名靠技术吃饭的小伙子，1985年与爱人钱雪萍相识。他暗暗发誓，虽然自己的家庭条件不好，但是一定要努力让自己的妻子过上好日子。工作上，韩国林认真做事，进步非常快；生活上，与妻子互敬互爱，一家人和和睦睦。2000年，钱雪萍被查出患有尿毒症。韩国林一下子有些恐慌，但他是这个家庭的支柱，他告诉妻子："没事，别怕，砸锅卖铁也要看好病！"就这样，一家人拼拼凑凑，终于凑齐了医药费。他带着妻子游走在各个医院，通过四年的保守治疗，妻子的病情也有了些许稳定。

妻子病后身体明显不如从前了，重的体力活都不能做。韩国林告诉妻子："不要急，不要怕，家里的活我来做！"于是，韩国林辞去工厂的工作，做起离家近的保安工作。他争取多值几个夜班，这样就可以多一些白天的时间在家照顾妻子。

2017年开始，妻子因为病情的原因，自己一个人行动不便。韩国林便辞去保安工作，带着妻子在小区隔壁的奉浦亿阳菜场打扫公共厕所。夫妻二人把这个公共厕所打扫得干干净净，靠自己的双手赢得大家的认可！日复一日，年复一年，韩国林用行动诠释了不离不弃的含义。在他的细心照料下，妻子原先低落、焦躁不安的情绪也变好了，人也开朗了很多。

20多年来，面对患病的妻子，韩国林不抛弃、不放弃，用行动为妻子点亮了生命的蜡烛，把一个好丈夫的美德一点点地融入艰辛的生活中，让夫妻和睦、相亲相爱的精神得到了最好的传承。

之前提到的潘国官、沈黎家庭也是夫妻和睦、注重学习的典范。结婚以来，他们互相照顾，同甘共苦，培养了深厚的感情，建立了和谐美满的家庭。他们面对困难时，共同克服，协商解决。

有什么样的家教，就有什么样的个人。家庭是人生的第一所学校。要想追求家庭的和顺美满,关键要用良好的家教家风涵育道德品行。例如:爱国华侨陈嘉庚倾资办学,却对家人很"抠门",勤俭的家教让子女养成了和他一样的公益情怀;人民教育家于漪耕耘教坛60多年,儿子、孙女在她的熏陶下相继走上教师岗位。家教家风与家庭美德绝不仅仅是居家生活的相处之道,更连通着国家发展和社会和谐。缺少必要的正确家教,家庭就会成为人性弱点的避风港和不良风气的滋生地。言传身教,以身作则,耳濡目染,用正确的道德观念塑造美好的心灵,新时代家庭将绽放出美丽的道德光芒。

为师者,德高。教师所传授和表达的不仅是个人的学识,还代表着社会和国家对未成年人进行品德、人格态度和价值观念的引导。所以,教师更要重视家庭文明建设,引导千千万万个家庭成为国家发展、民族进步、社会和谐的重要基点,成为人们梦想起航的地方。

家庭向善,国家向上。让美德植根每个家庭成员心中,以千千万万家庭的好家风支撑起全社会的好风气,每个人、每个家庭都将为中华民族大家庭作出贡献,为实现中国梦凝聚力量。

尽心恪守社会规范

当今社会对教师提出的要求越来越高,因此教师自身的素养必须随着新时代的发展而不断提升,这需要教师做到终身学习。除此以外,社会规范时刻警醒着教师在享受权利的同时,还要清楚地认识到自己的义务,充分了解自己所承担的教书育人的使命。在工作中,教师要严格规范自己的思想和行为,依法执教,爱岗敬业,无私奉献,时刻以教师的道德行为规范来要求自己,做到身正为范;在生活中,教师也要遵循最基本的道德规范,培养社会公德意识,并积极参与实践,给学生树立良好的榜样。

一、依法执教

做一名有担当的教师,要在平时的教育教学工作中做到依法执教。党的十八大以来,整个社会都在党的领导下全面推进依法治国,而依法执教就是依法治国在教育领域的实践。教师依法执教包含两方面内容:一方面,要做到"不违法",教师的教育教学要在法律法规允许的范围内进行,言谈举止不能违背各种法律法规的禁止性规定,不能损害学生的合法权益;另一方面,依法执教也要求教师"会用法",教师要知道如何运用法律武器同侵害自身和学生合法权益的违法犯罪行为作斗争,维护自身的合法权益。

(一)遵纪守法

身为一名教师,需要遵循的法律有《宪法》《教师法》《教育法》《未成年人保护法》等法律法规。自2019年以来,教育部逐渐加大对教师教育教学违规行为的查处力度,多次筛选违反教师职业行为十项准则的典型案例,并在教育部官网公开曝光,其中包含体罚学生、性骚扰学生、猥亵学生、有偿补课、收受礼品礼金、学术不端等问题。上述问题都是教师在开展教育教学行为时的红线,是不可逾越的。违法行为既会伤害到学生幼小的心灵,也会给自己带来严重的影响。从下面这则被教育部点名批评的体罚案例中,我们可以看出依法执教的重要性。

【案例】

师德警示教育

2019年12月,许某某、潘某某在保教过程中,拉扯幼儿,让幼儿自己打自己的嘴巴。根据《幼儿园教师违反职业道德行为处理办法》等相关规定,对许某某、潘某某以及他们所在幼儿园的执行园长予以解聘处理;将许某某(无教师资格)列入教师资格限制库,依法撤销潘某某的教师资格,并收缴其教师资格证书,5年内不得重新取得教师资格。

这则案例警醒了教师在教学和班级管理中要遵循三个原则:讲法律,讲证据,讲程序。这样,不但能够培养学生的法律意识,让法治素养的种子在学生心中生根发芽,而且能提高教师自身的法治教学能力,把"纸面上的法"真正落实为"行动中的法",杜绝了教师自己违法的可能,切实推进依法执教。

(二) 维护权益

除了在平时的教育教学活动中要遵守法律法规外,教师还要了解身为教师所应享有的权利。我国《教师法》规定,教师享有以下6种权利,分别是教育教学权、科学研究权、管理学生权、获取报酬待遇权、参与民主管理权和进修培训权。全国首例教案官司由重庆市南岸区四公里小学语文教师高丽娅提起,这起官司表明了教师权利意识的觉醒。

【案例】

全国首例教案官司

高丽娅在1990年至2002年间共交给学校48本教案,由于其需要撰写论文,要求学校归还,但学校只还了4本,其余的44本被告知已经"处理了"。2002

年5月,她以自己的权益受到损害诉诸法院,要求学校归还教案,并赔偿损失8800元。然而,高丽娅的维权之路极其坎坷,四年内六打官司。最终在2005年获得了教案著作权,讨回了自己付诸在这44本教案上的智力成果权益。

备课不仅需要备教材,还需要备学生。教案是教师个人的思想结晶与独创所在,是教学经验的积淀。这些教案中凝聚着这位教师的心血,她应该享有著作权。学校将教师的教案"处理了",是学校不尊重教师劳动成果的表现。高老师能在那个法治意识没么强的年代拿起法律武器维护自己的权利,值得我们学习。身为新时代教师,我们更需要自觉加强对法律的学习,促进自身法律素养的提高。

总而言之,做一名有担当的教师,既要遵守教育法律法规,积极地履行相关义务,也要正确地行使教师的权利。古人"以身立教,为人师表"的谏言,为现在的教育工作点明了方向。教育工作的使命就是教育者对受教育者要有积极、正向的影响,让学生在正确的方向上发展个性。教师在落实依法执教过程中要以身作则,遵守法律法规,让学生在耳濡目染、潜移默化中受到感染,使他们成为知法、守法的公民。身为人民教师,必须要在平时完善自己的法律知识,提高自身的法律素养,坚持落实依法执教。

二、遵守社会公德

做一名有担当的教师,要拥有高尚的道德情操,遵守社会公德,遵守教师职业道德。社会公德就是每个公民都要遵循的基本道德规范。时代会变迁,但作为人们公共生活中最基本的道德要求,社会公德是不可缺失的。新时代下,人与人之间的交往更加便利而频繁,人与社会之间的联系越来越密切,人与自然之间息息相关,因此社会公德在当今具有重要作用和意义。广义的社会公德是指国家和社会规定实施的相关道德规范,一般以明确的法律条文形式颁布实行。狭义的社会公德是指在长期的社会生活实践中,人们慢慢积累出来的,公共生活所需要的最基本、最简单、容易实行的道德行为规则,包括文明礼貌、助人为乐、爱护公物、遵纪守法、爱护环境等。

(一)培养积极的社会公德意识

教师所教育的青少年学生是国家和民族的希望,是国家未来道德建设的中坚力量,他们的社会公德意识和行为将直接影响到社会风气的走向。著名教育家叶圣陶先生曾经说过:"教育工作者的核心工作就是为人师表。"教师社会公德行为的好坏将直接影响学生对社会公德的理解和看法。因此,教师必须要了解和拥有积极的社会公德意识,并在公共生活中有一定的实践,这对改善学生社会公德行为具有举足轻重的作用。在这方面,青年教师中也有值得大家学习的榜样,如2020年"最美教师"华雨辰。

【案例】

2020年"最美教师"华雨辰

华雨辰是湖北省武汉市青山区钢花小学的一名音乐教师。疫情袭来,学校停课,所有课堂教学改为线上教学。当所有人闭门不出时,"90后"的她选择逆行,加入抗疫志愿者队伍。她用私家车接送医护人员上下班,在社区搬运爱心物资,在防控一线为人们测量体温,在方舱医院义务播音,用甜美的声音为大家送去温暖。2020年9月,她被中央文明办评为"助人为乐"好人。同年,获2020年"最美教师"称号。华雨辰说:"作为武汉人,作为老师,我想用实际行动告诉孩子,在这个时候我们需要站出来。"

作为一名教师,华雨辰用实际行动教育了她的学生什么是保家卫国,什么是助人为乐。她把本次疫情的考验当作了"课堂",在这个特殊的"课堂"中为学生们树立了榜样。从华雨辰的身上能够看到作为一名教师的无上光辉,从她的案例中也能够挖掘到更多的力量和信心。由此可见,教师培养社会公德意识的重要性。

(二) 以德配位

教师承担着立德树人的使命,肩负着为党育人、为国育才的职责,这一特殊的工作性质决定了教师应该拥有超出其他行业的道德水准。古人云:"学高为师,身正为范。"师德一旦失守,即使你课上得再好,学术水平再高,都不能称得上合格的教师。2018年,教育部印发了《新时代教师职业行为十项准则》,明确了新时代教师职业规范,划定基本底线,深化师德师风建设。

师德是一名教师深厚的知识修养和文化意识的体现。师德既需要教育培训，又需要教师的自我修养。那么，想要做一名有担当的教师，应该如何不断提高内在德行，从而实现"以德配位"呢？第一，要做到自我悦纳。教师的自我悦纳主要体现为基于自尊、自信和自爱来把握自我、善待自我、超越自我，做一名有理想的教师。第二，要坚持终身学习。终身学习是新时代学习型社会对教师的基本要求，是提高教师自身修养的前提。第三，要勇于付诸实践。教师要想提升自己的内在德行，就应该不断实践，因为教师的自我悦纳、终身学习都需要不断实践。第四，要锻炼交往能力。基于平时的教育教学活动，教师需要开展与学生、家长和其他教师间的交往活动。在这些交往活动中，教师既能锻炼自己善于交往的能力，也能陶冶道德情操。第五，要强化反思意识。反思的过程就是不断修正和完善自己道德认识的过程，教师的反思是教师道德在教学生活中的具体化。通过反思，教师可以重新审视自己的教育教学行为。如果说一般的社会公德是教师师德成长的外在标准，那么不断提高教师的内在德行就是教师师德成长的本质追求。身为新教师，更应该在未来漫长的教师道路上坚守住师德师风的防线，同时提升自己的道德素养。

三、敬业奉献

做一名有担当的教师，还要有爱岗敬业、乐于奉献的精神。爱岗敬业、乐于奉献是每一名教师应具备的内在品质。教师的岗位虽平凡却又伟大，教师的身上肩负着教育祖国未来力量的重要使命，这需要他们奉献自己的青春和热血。

(一) 牢记教育初心

除了贫困地区的教师外，城市里的教师也能在自己的岗位上做到敬业奉献，如山东省平度市朝阳中学的吕文强老师就是这样一个值得我们学习的榜样，他在2018年被授予了"全国教书育人楷模"的称号。

吕老师没有做什么"惊天地泣鬼神"的大事，但他就像活雷锋一样，长年累月、一如既往、全身心地关爱学生、感染学生和转化学生。同时，他也不忘教育初心，用他的不懈努力争取让每一个孩子都能成才。教师要满怀对学生的爱，在教学工作中用耐心、细心、爱心去对待每一位学生。在教师这个岗位上，就必须对工作有强烈的责任感,做到爱岗敬业。

做一名有担当的教师,要培养自己的敬业奉献精神。这里所说的奉献是指为了国家的事业、社会的集体利益,不计报酬,不在乎地位和荣誉,发自内心地用大爱去为社会和他人做一些事。教师要学会把自己的爱献给学生,基于对学生的爱谈敬业和奉献才是有意义的。无私奉献就是能勇挑重担,在学校和学生需要的时候,能挺身而出,愿意和任何一名问题学生交朋友,通过自己的不懈努力去转化他们。教师敬业奉献的精神和高尚的师德必然会影响到学生的道德情操,引领他们走向更高的高度。

(二) 做好本职工作

作为一名教师,首先要做好自己的本职工作,教好每一节课,关爱每一个孩子,这就是最基本的敬业精神。教师要用自己的真诚和关爱去感染学生,让学生拥有阳光、健康的心态,这将会对他们的未来产生积极影响。"落红不是无情物,化作春泥更护花。"教育因奉献而伟大,生命因追求而精彩。在教师岗位上一日,就要秉承一日"爱岗敬业、无私奉献"的精神。

国土之上,有着许多默默奉献自己一生芳华于教育事业的教师,如一砖一瓦为学生筑起温暖的"家"的马文燕老师,让更多孩子走出大山的刘秀祥老师,走了几万里只为"一个都不能少"的张杰老师和王秀秀老师……他们用爱心和智慧以及他们的敬业精神阻断贫困的代际传递,点亮了万千贫困地区孩子的人生梦想。这些坚守在边远、贫困、艰苦地区的教师们因奋斗而"最美",当之无愧 2020 年"最美教师"的称号。这些在边远地区奉献的"最美教师",他们在如此艰难的条件下仍然能够"不忘初心、牢记使命",坚守在自己的教育岗位上,并且乐于奉献。我们并非身处如此困难的环境,所以更要学习他们的这种敬业奉献的精神,在平凡的岗位上作出伟大的贡献。

修炼四

做一名彬彬有礼的教师

◉ 礼仪是一个国家、一个民族文明程度、社会风尚和道德水准的重要标志。古人言:"礼者,人道之极也""不学礼,无以立"。教育人要讲礼仪,原因在于教育从来都不仅是知识和技能的训练,更是关乎精神和心灵的格局;教师不仅是科学文化知识的传播者,更是学生世界观、人生观、价值观的教育者和影响者;教师作为学生的审美对象,其彬彬有礼的气质能对学生形成长久而不着痕迹的熏陶和感染,影响学生的情感、趣味、气质、胸襟,温润学生的心灵。做一名彬彬有礼的教师,能够让师生在相互影响和彼此濡染中朝着美好的方向前进,形成一个美好的教育生态。

礼仪与教师礼仪

礼仪是尊重自己、尊重别人的一种规范的表现形式,包括语言、仪表、风度、礼貌、礼节、礼典、仪式、举止等。它是一个人内在文化、艺术、道德、思想素养的外在表现形式,是反映一定约定俗成的社会道德观念的交际行为准则。礼仪的本质是一种道德行为规范与准则,是文明道德修养程度如何的一种外在表现。

一、礼仪溯源

"礼",会意,本义是举行仪礼,祭神求福。"仪",形声,本义是容止仪表。礼仪原本是指古人拜神祈福的一种原始宗教仪式,即古人受一定宗教观念的支配,在对食物、繁殖、祖先、死亡、天地神鬼等祈求敬拜中形成的各种惯用形式和行为规范。

(一) 周公制礼

西周初年,为了巩固王朝统治,实行分封制和宗法制,起到防止内部纷争和强化王权的作用。为了维持分封制和宗法制形成的等级社会秩序,周公等人对"礼"进行改造并以政令的形式颁布出来,同时与"乐"配合起来,形成"礼乐制"。"礼乐制"实施的目的是"修六礼以节民性",对国家政治生活和社会生活作出种种规定。从"六礼"(冠、婚、丧、祭、乡饮酒、相见)到"九礼"(冠、婚、朝、聘、丧、祭、宾主、乡饮酒、军旅),再到《仪礼》汇总的17项"周礼",构成了处理等级社会上下贵贱之间人际关系的伦理规范,即贵与贱、尊与卑、长与幼、亲与疏的各种人之间必须遵守各自的行为规范,绝对不可混淆,不可僭越。这种有差异的秩序就是"礼"的本质。

(二) 儒家之"礼"

孔子虽然推崇周礼,但并非全盘照搬,而是在道德伦理、修身治国、构建融洽的社会关系等方面形成了独特的礼乐教化。一方面,明确"礼"是治理国家、维护社会安定所需要的制度和秩序;另一方面,主张礼仁结合,纳仁于礼,用仁来充实礼,使"礼"的形式与内容得到统一。孔子还主张"不学礼,无以立",倡导"有教无类",把礼推向普通老百姓,以此重建伦理道德规范体系。概而言之,"儒家之'礼'主要包含礼义与礼仪两方面的含义:礼义是礼的内在精神,包含仁义、恭敬、中和等;礼仪是礼的外在行为规范,包含仪表、仪式、仪节等"。①

（三）礼仪之邦

中国自古以来一直被称为"衣冠上国,礼仪之邦",在五千年的历史长河中,形成了完整的礼仪规范,这对我们构建人际关系、社会关系有着不可磨灭的影响。人们注重以礼相待,以礼回报,用"礼"的秩序唤醒道德自觉,形成孝亲睦邻、敬业乐群、长幼有序、尊老敬贤、温良谦恭、平和中正的社会风气和为人风范。当今,"礼"作为中国传统文化的核心要义,从形式到内容依然能够反映一定的社会规范和道德规范,成为社会主义精神文明的有机组成部分,成为中国人的社会意识和文化精神。构建新时代"礼仪之邦"是国家和民族保持永久魅力和活力,增强民族凝聚力的必然要求。

二、礼仪功能

礼仪是现代人必备的素养,是一个人立足社会、成就事业和获得美好人生的基础。一般认为,它具有如下功能。②

第一,教育功能。礼仪是人类社会进步的产物,是传统文化的重要组成部分。礼仪蕴含着丰富的文化内涵,体现着社会要求与时代精神。礼仪通过评价、劝阻、示范等教育形式来纠正人们不正确的行为习惯,指导人们按照礼仪规范的要求去协调人际关系,维护社会正常生活。让大家都来接受礼仪教育,可以从整体上提高人们的综合素质。

第二,沟通功能。礼仪行为是一种信息性很强的行为,每一种礼仪行为都表达了一种甚至多种信息。在人际交往中,只有彼此按照礼仪的要求进行交流,才

---

① 杨富荣.试论孔子的礼乐教化思想[J].人文天下,2019(22):21-26.
② 百度文库.现代礼仪的起源与发展[EB/OL].(2022-03-11)[2022-03-29].https://wenku.baidu.com/view/a4875541deccda38376baf1ffc4ffe473368fd97.html.

能更有效地向对方表达自己的尊敬、敬佩、善意和友好,人际交往才可以顺利进行和延续。热情的问候、友善的目光、亲切的微笑、文雅的谈吐、得体的举止等,不仅能唤起人们的沟通欲望,彼此建立起好感和信任,还能有助于事业的发展。

第三,协调功能。在人际交往中,无论体现的是何种关系,维系人际沟通与交往的礼仪都承担着十分重要的"润滑剂"作用。礼仪的原则和规范约束着人们的动机,指导着人们立身处世的行为方式。如果交往的双方都能够按照礼仪的规范约束自己的言行,不仅可以避免某些不必要的感情对立与矛盾冲突,还有助于建立和加强人与人之间相互尊重、友好合作的新型关系,使人际关系更加和谐,社会秩序更加有序。

第四,塑造功能。礼仪讲究和谐,重视内在美和外在美的统一。礼仪在行为美学方面指导着人们不断地充实和完善自我,并潜移默化地熏陶着人们的心灵。人们的谈吐变得越来越文明,装饰打扮变得越来越富有个性,举止仪态越来越优雅,符合大众的审美原则,体现出时代特色和精神风貌。

第五,维护功能。礼仪作为社会行为规范,对人们的行为有很强的约束力。在维护社会秩序方面,礼仪起着法律所起不到的作用。社会的发展与稳定、家庭的和谐与安宁、邻里的和谐、同事之间的信任与合作都依赖于人们共同遵守礼仪的规范与要求。社会上讲礼仪的人越多,社会便会更加和谐稳定。

三、教师礼仪的特征

教师礼仪是指教师在从事教育、教学、教务活动以及履行职务时所必须遵守的礼仪规范,是教师在教书育人、待人接物、为人处世等方面的一种规范的表现形式。[①] 教师礼仪有自己特定的适用范围、特定的适用对象,因此有特定的属性。

(一) 具有明显的强制性

不同职业的人都要遵守相应的职业规范。教育部把"具有良好职业道德修养,为人师表""衣着整洁得体,语言规范健康,举止文明礼貌"等纳入《中小学教师专业标准(试行)》,这些是对合格教师的基本专业要求和开展教育教学活动的基本规范,只要从事这个职业就必须遵守。

---

① 秦福来.教师礼仪,今天你留意了吗[J].中国民族教育,2009(1):24-26.

(二) 具有强烈的形象性

此处所谓的"形象",是指一个人的内涵所呈现出来的风格和特色。教师礼仪的"形象性"在于,反映教师群体或个体在教书育人岗位上的气质风度、专业形象,反映其处世态度、精神风貌与应有的行为方式。是否遵守教师礼仪,不仅是个人行为,还能影响教师队伍和学校的整体形象。

(三) 具有鲜明的示范性

荀子曰:"礼者,所以正身也;师者,所以正礼也。无礼,何以正身?无师,吾安知礼之为是也?"教师在礼仪方面作出的榜样或典范,一方面,使教师更有魅力,更有力量;另一方面,作为导引与塑造行为的手段,具有警示与减少学生言行越轨的控制功能,对学生的价值标准、审美标准的形成有着重要的示范作用。

(四) 具有很高的审美性

教师不仅是美育的组织者和实施者,还是蕴含着丰富审美因素的活的形象,是学生直接的审美对象。当教师内在的学识修养和外在的礼仪举止和谐地统一起来时,就能直接作用于学生的感官,会给学生以美的熏陶和感染,成为学生认识教师、评价教师的重要因素。

(五) 具有很强的道德性

苏联教育家马卡连柯指出,教育者对被教育者的作用首先是教师品格的熏陶和行动的教育,然后才是专门知识和技能的训练。要落实"立德树人"的根本任务,教师的师德修养、文化素质、风度气质、行为操守是一种重要的教育力量和教育要素,这种力量和要素经由礼仪得到外化,在日常教育教学活动中得以体现。

四、教师礼仪的修炼

修炼是指为实现某种理想信念或技术、技能目标而进行修养和锻炼的过程。教师良好的礼仪修养不是与生俱来的,而是源于实践锻炼,在实践中发展、改进,达到理想的境界。

(一) 确立价值导向

我国教育的目的是为人民服务,为中国共产党治国理政服务,为巩固和发展中国特色社会主义制度服务,为改革开放和社会主义现代化建设服务。教师的礼仪修炼必须为实现这个教育目的而进行。2016年以来,习近平总书记先后对教师提出"四个相统一":坚持教书和育人相统一、坚持言传和身教相统一、坚持潜心问道和关注社会相统一、坚持学术自由和学术规范相统一;"四个引路人":做学生锤炼品格的引路人、做学生学习知识的引路人、做学生创新思维的引路人、做学生奉献祖国的引路人;"四有":有理想信念、有道德情操、有扎实学识、有仁爱之心。这是新时代对教师的客观要求和价值导向,因此教师的礼仪修炼必须围绕这个价值导向展开。

(二) 加强师德修养

礼仪的细节所要表达的内涵都属于道德范畴,因此教师礼仪的养成是个人专业发展、内在意志品质改造的过程,是以师德修养为先导,在一定的学校、社会生活条件和精神文明建设环境中通过行为实践和文化教育来实现的。脱离了师德的内在精神,教师的礼仪修炼就会流于形式,显得虚伪客套或敷衍作秀。学校作为教师管理的主体,要把教师德行与礼仪实务相结合,比如:通过建章立制,把师德准则作为教师必须遵守的行为规范,使教师的礼仪修炼有章可循;通过严格的培训管理,营造人人讲求师德修养、个个注重礼仪实践的良好氛围,使教师自觉养成以德行事、以礼行事的习惯。

(三) 勤于学习实践

礼仪是在长期的社会生活中自然形成并长久承袭的行为习惯。因为受地域风俗、文化背景、传承力量、心理习惯等诸多因素的影响,所以形成了"十里不同风,百里不同俗"的礼仪规范。教师在学习礼仪的过程中要学以致用,通过理论学习、专业培训等形式来提升礼仪修养,掌握具体、生动、全面的礼仪知识;要建立"礼出于俗,俗化为礼"意识,尽可能了解不同国家、地区、民族、阶层的礼仪和风俗习惯,特别注意掌握因历史、伦理和心理因素而造成的习俗差异,以正确的礼仪达成交往与交流。礼仪又是一门操作性和实用性强、涉及面广、跨多种学科、综合性的应用学科,与人类活动的方方面面都息息相关,需要教师不断实践,让礼仪为"我"所用,成为一个懂礼、知礼、用礼的人。

教师个人礼仪

教师个人礼仪是社会个体的生活行为规范与待人处世的准则，是个人仪表、仪容、言谈、举止、待人、接物等方面的个体规定，是个人道德品质、文化素养等精神内涵的外在表现。教师个人礼仪是教师立足教育岗位，履行职业道德规范，在教书育人过程中展现的个人修养与行为。

【案例】

南开中学的容止格言[①]

1904年创设的天津市南开中学教学楼门侧悬立着一面大镜子，立镜上方有一块木匾。匾上镌刻着四句话，四十个字：

面必净，发必理，衣必整，纽必结。

头容正，肩容平，胸容宽，背容直。

气象：勿傲、勿暴、勿急。

颜色：宜和、宜静、宜庄。

南开中学的首任校长张伯苓经常引导学生学习领会"容止格言"。他逐一解释，前两条既是对学生外表的要求，也是对学生体格和卫生的要求，第三条讲"气象"，第四条讲"颜色"。遵行这四条"容止格言"，可以代表"吾校学生之气质"。

南开中学的容止格言已凝练成为南开精神、南开文化的鲜明标志。容止格言看起来是对师生仪容举止的要求，其实含有教育意义，可为准则，可为世

[①] 刘彦君.张伯苓中学办学理念初探[D].重庆：重庆师范大学，2010.

范。我们每天对着镜子照几次,观察自己是否"面必净,发必理,衣必整,纽必结",仪容仪表是否端正且符合要求,这既是尊重自己的表现,也是尊重他人的行为。在日常生活、公共场合中,"头容正,肩容平,胸容宽,背容直",展现身段外形健康有力、生机勃勃,显现胸怀宽阔、心态阳光且能肩负责任。从内心到外表体现出不傲慢、不急躁、不松懈的作风派头,充满朝气。脸上的态度表情应该是温和的、平静的、庄重的、自然的、和善的、可亲的。遵照容止格言教养出的学生,必定是一个文明健康、生机盎然的人,是一个既容易被人悦纳又容易被自己悦纳的人。

一、仪容仪表

仪容仪表是一个综合概念,包含三层意思:其一是指人的容貌、形体、体态的协调优美;其二是指通过修饰打扮以及后天环境影响产生的美;其三是个人淳朴高尚的内心世界和蓬勃向上的生命活力的外在表现。

教师仪容仪表礼仪要基于教师的职业身份,即在大众遵循的仪容仪表礼仪规范的基础上,配合教育工作的需要和要求衍生的特殊规范。这种"特殊"应有利于教师在学生面前形成良好的"第一印象",有利于提高教师形象的感染力,有利于教师专业发展,有利于师德师风建设,有利于提高教育效果。这种"特殊"具体体现在对教师个人形象修饰的要求和限制上。

(一)教师仪容仪表的规范要求

一是干净:无异物,无异味。二是整齐:整整齐齐是为人处世的一种风度,这种风度应该在仪表上体现出来。三是文雅:有教养,有艺术的品位。四是美观:和谐而得体,自然而朴实,不能太奢华或太夸张。

(二)教师仪表修饰遵循的原则

孔子曰:"君子不可以不学,见人不可以不饰。不饰无貌,无貌不敬,不敬无礼,无礼不立。"服装是一种无声的语言,是个体向外界表达自己的一个重要窗口。仪表礼仪主要表现为得体的服饰。

教师遵守服饰礼仪是教师职业道德、职业规范的一部分。得体的着装不仅使教师的形象得以修饰,还对学生有潜移默化的榜样作用。因此,教师仪表修饰要遵循以下原则。

一是适体性原则：要求仪表修饰与个体自身的性别、年龄、容貌、肤色、身材、体型、个性、气质和职业身份等相适宜、相协调。

二是时间、地点、场合原则：要求仪表修饰因时间、地点、场合的变化而变化，使仪表与时间、环境氛围、特定场合相协调。

三是整体性原则：要求仪表修饰先着眼于整体，再考虑各个局部的修饰，促成仪表修饰与个体自身的诸多因素协调一致，使之浑然一体，营造出整体风采。

四是适度性原则：要求仪表修饰无论是在修饰程度上，还是在饰品数量和修饰技巧上，都应把握分寸，自然适度。

【案例】

谁更容易搭上车

国外有位心理学家曾经做过这样一个试验：分别让一位身穿笔挺漂亮军服的海军军官，一位戴金丝边框眼镜且手持文件夹的青年学者，一位打扮时髦的漂亮女郎，一位挎着菜篮子、脸色疲惫的中年妇女，一位留着怪异头发、穿着邋遢的男青年到马路边去搭车。

结果是：漂亮女郎、海军军官、青年学者的搭车成功率高，中年妇女次之，搭车最困难的是这位男青年。

（三）教师在不同的场合的服饰穿戴

不同场合的穿着要求如下：在公务场合，要穿制服、套装、工作服等；在社交场合，要穿时装、礼服、民族服饰等；在休闲场合，要穿家居服、牛仔裤、运动装等。

在课堂教学中，教师要面对同事和学生，就不能穿得过分性感、艳丽、奢华，要保持服饰的整洁、利落。年轻教师要穿得鲜艳、活泼，可以体现年轻人的朝气和蓬勃。中老年教师要穿得庄重、雅致、整洁，体现成熟和稳重。

不管在什么场合，教师的着装都要干净整洁，不能皱皱巴巴，不能残破不堪，不能脏臭不堪，也不能出现油迹、污渍等。

二、仪态礼仪

仪态是指个人在行为中的举止和风度。举止是指身体呈现的各种形态,而风度则是一种气质。端庄的仪态给人以挺拔笔直、精力充沛、积极向上的印象,会给学生留下优雅、稳重、自然的美感。仪态礼仪主要表现在站姿、坐姿、行姿等方面。

(一) 站姿

站立姿势,又称站姿或立姿。它是指人们在停止行动后,直着自己的身体,双脚着地,或者踏在其他物体上的姿势。它既是人们平时所采用的一种静态的身体造型,又是其他动态造型的基础和起点。

1. 站姿要领

两脚跟相靠,脚尖分开 45 度到 60 度,身体重心放在两脚上。两腿并拢立直,腰背挺直,挺胸收腹。双目向前平视,嘴唇微闭,面带微笑,下颌微收。

2. 常用站姿

肃立站姿:两脚并拢,两膝绷直并严,挺胸抬头,收腹立腰,双臂自然下垂,下颌微收,双目平视。

体前交叉式:左脚向左横迈一小步,两脚展开,两脚尖与脚跟的距离相等,两脚之间的距离小于肩宽为宜;双手在腹前交叉,右手大拇指与四指分开搭在左手腕部;身体重心放在两脚上,腰背挺直,注意不要挺腹或后仰。

体后交叉式:两脚跟并拢,两脚尖展开 60 度左右,腿绷直,腰背直立;两手在身后交叉,右手搭在左手腕部,两手心向上收。

(二) 坐姿

坐姿是指人们将自己的臀部置于椅子、凳子、沙发或其他物体上,以支持自己的身体重量,双脚平放在地上。从根本上看,坐姿应当算是一种静态的姿势。

1. 标准坐姿

头部挺直,双目平视,下颌内收。身体端正,两肩放松,勿倚靠座椅的背部。挺胸收腹,上身微微前倾。

采用中坐姿势:只坐椅子面积的三分之二。

日常手的姿势:自然放在双膝上或椅子扶手上。

柜台手的姿势：双手自然交叠，将腕至肘部的三分之二处轻放在柜台上。腿的姿势：双腿可并拢，也可分开，但分开的间距不得超过肩宽。

2. 入座姿态

入座时，双脚与肩同宽并行，同时尽量轻、稳、缓，避免座椅乱响，噪声扰人。女士在入座时应用右手轻按住衣服前角，用左手抚平后裙摆，然后缓缓坐下。女士如因就座时间长而感到有所疲劳时，可以变换腿部姿势，即在标准坐姿的基础上，双腿可向右或向左自然倾斜。

3. 离座姿态

离座时，身旁如有人，须以语言或动作向其先示意，随后方可站起身来。起身时，动作尽量轻缓。离开座椅后，要先站定，而后方可离去。

4. 坐姿禁忌

切忌坐在椅子上转动或移动椅子的位置；尽量不要叠腿，更不要采用四字形的叠腿方式；在座椅上，切忌双腿分开或将双腿伸得很远，更不能将脚藏在座椅下或用脚勾住椅子的腿。

（三）行姿

行姿是一个人在行走时所采取的具体姿势。很多时候，行姿又称为走姿。它以人的站姿为基础，实际上属于站姿的延续动作。与其他姿势所不同的是，它自始至终都处于动态中，它体现的是人类的运动之美和精神风貌。

1. 行姿特点

男女行姿特点有别：男性是协调、稳健、庄重、刚毅；女性是轻松、敏捷、健美。

2. 行路步态

行姿是否美观，关键在于步度和步位。

行走时，前后两脚之间的距离称为步度。通常情况下，男性的步度约为25厘米，女性的步度约为20厘米。通常来讲，以直线为主的服装特点是庄重大方、舒展矫健，以曲线为主的服装特点是柔美妩媚、飘逸优雅。

行走时，脚落地的位置是步位。其中，最佳步位是两脚踩在同一条直线上，并不走两条平行线。女性走路时，倘若两脚分别踩两条线走路，则有失大雅。步态要保持优美，行进速度要保持平稳、均匀，过快过慢都不行。

3. 行路步韵

在行进过程中,膝盖和脚腕要有弹性,腰部理应成为身体重心移动的轴线,双臂要轻松自然地摆动。身体各部位之间要保持动作和谐,使自己的步调一致,这样会显得优美自然一些。

(四) 手势

手臂姿势,通常称作手势,是指人们在运用手臂时所出现的具体动作与体位。手势是人们在交往中不可缺少的最有表现力的一种"体态语言",是一种"动态美"。手势如果做得得体适度,就会在交际中起到锦上添花的作用。

手势的规范标准:五指伸直并拢,腕关节伸直,手与前臂形成直线。在做动作时,肘关节弯曲130度左右为宜,掌心向斜上方,手掌与地面成45度。

"请进"手势:站成右丁字步,左手下垂,右手从腹前抬起向右横摆到身体的右前方。

"请往前走"手势:将右手由前抬到与肩同高的位置,前臂伸直,用手指向来宾要去的方向。

"请坐"手势:一只手由前抬起,从上向下摆动到距身体45度处,手臂向下形成一斜线。

"诸位请"手势:面向来宾,将双手由前抬起到腹部,再向两侧摆到身体的侧前方。

三、表情神态

表情是指面部情态,即通过眉、眼、嘴、鼻的动作和脸色变化表达出来的内心的思想感情。表情中的眼神和笑容是人际交流中"非语言信息传播系统的核心部分"。

(一) 目光

眼睛是心灵的窗户,能充分反映出一个人的内心活动。古人说的"察言观色"告诉我们要学会用眼睛去观察、了解别人。目光是人们在注视对方时,眼部所进行的一系列活动以及所呈现的神态。

目光礼仪最重要的是学会阅读对方的眼神,并用自己的眼神与之交流,同时学会控制自己的目光,准确表达自己的情绪,还要学会表现自己的目光,呈现自己的礼仪和修养。

1. 注视的部位

与人交谈时,目光应该注视着对方。注视范围如下:应在上至对方额头,下至衬衣的第二粒纽扣以上,左右以两肩为准的方框中。一般有以下几种注视方式:一是注视对方双眼,表明重视对方,愿意洗耳恭听;二是注视对方额头,表明严肃、认真、希望公事公办;三是注视对方面部,表示亲切或关切;四是随意打量对方任意部位,表示轻视或怀疑对方;五是当对方沉默无语时,最好移开你的目光,避免紧张或尴尬。

2. 注视的角度

一般而言,注视的角度有以下几种:一是正视或平视对方,表示重视对方或双方平等相对;二是仰视对方,表示尊重和敬畏对方;三是俯视对方,表示轻视、歧视对方或长辈对晚辈的宽容和怜爱等;四是侧视或斜视对方,表示厌恶、蔑视、挑衅或怀疑对方。

3. 注视的时间

凝视是目光专注于某一点的注视形式,需要注意运用的场合和对象。比如:长时间凝视对方,表示对对方很感兴趣;交谈的大部分时间都在注视对方,表示对对方的重视和尊重;交谈中很少注视对方,表明对对方的轻视,这样很失礼。但长时间盯着对方(陌生人,尤其是异性),这会让对方紧张,也会令对方极为反感或不快。

(二) 微笑

微笑是人际交往中最受欢迎、最具吸引力且最有价值的面部表情。微笑是自信的象征,是友好的表示,是一种交际手段,是健康的表露,是都能读懂的"世界语",是成功的法宝。

【案例】

你今天对客人微笑了没有

"你今天对客人微笑了没有",这是美国希尔顿大酒店的董事长康纳·希尔顿在 50 多年里到他设在世界各国的希尔顿酒店视察业务时经常问及各级人员的一句话。他说:"无论酒店本身遭受的困难如何,希尔顿酒店服务员脸上的微笑永远是属于旅客的阳光。""酒店里第一流的设备很重要,而第一流服务员的微笑更重要。如果缺少服务员的美好微笑,好比花园里失去了春日的太阳和春风。假如我是顾客,我宁愿住进那些虽然只有残旧地毯,却处处可见微笑的酒店,而不愿走进只有一流设备而不见微笑的地方。"希尔顿正是运用微笑的魅力,帮助希尔顿酒店度过了 20 世纪 30 年代美国空前的经济大萧条,获得了世界性的大发展。

笑容是一种令人感觉愉快的面部表情,它可以缩短师生之间的心理距离,为深入沟通与交往创造温馨、和谐的氛围,因此人们把笑容比作师生间交往的"润滑剂"。在笑容中,微笑最自然大方、真诚友善。世界各民族普遍认同微笑是基本笑容或常规表情。在师生交往中,保持微笑具有举足轻重的作用。在工作岗位上,微笑是礼貌待人的基本要求。

第一,表明良好心境。心态平和、心情愉快的教师会不自觉地带着愉悦的微笑,使学生感觉到积极向上的人生态度。

第二,表明充满自信。面带微笑,表明对工作、生活有充分的自信。教师带着微笑去上课,给学生带来知识的同时,还增加了他们学习的自信心。

第三,表明真诚友善。微笑反映自己心底坦荡、善良友好,待人真心实意而非虚情假意,使学生在与教师交往中自然放松,不知不觉地缩短了心理距离。

第四,表明爱岗敬业。教师在工作岗位上保持微笑,说明热爱本职工作,乐于恪尽职守。如在课堂上,微笑更能创造一种和谐融洽的气氛,让学生倍感愉快和温暖。

微笑要做到真诚,发自内心。力求表里如一,虚伪的假笑、冷笑只会令对方感到别扭和反感。微笑是眼神、面部肌肉和嘴唇形态三者结合的一种面部表情,三者缺一不可。微笑要有尺度,即热情有度。在与人交往中,突然哈哈大笑,表情过于夸张,不仅会让对方感到不自然,还会让对方莫名其妙。另外,微笑加上得体的手势,这样会更自然、大方、得体。

教师公共礼仪

在当今开放的社会系统中,每个社会组织和个人都需要在广泛、频繁的社会交往中谋求自身的发展,争取事业的成功。教师作为学校组织的主体,其一言一行除了关系到自身的体面外,还直接影响到学校的形象和交往的效果。

一、日常礼仪

如果教师想在学校组织中获得可持续发展,就必须了解、掌握、做好学校日常礼仪。日常礼仪主要有见面、电话、馈赠、探访接待、交谈等。

（一）见面礼仪

见面是交际的开始。见面礼仪主要有称呼、握手、介绍、交换名片等。

称呼要得体、亲切,打招呼要热情、认真。介绍的原则是先卑后尊,自我介绍时可以根据场合、环境的需要告诉对方自己的姓名和身份。

握手应坚持"尊者先伸手"原则。交换名片时,动作要洒脱、大方,态度要从容、自然,表情要亲切、谦恭;接他人名片时,应双手捧接,并道感谢。

（二）电话礼仪

教师在电话礼仪中要做到以下三方面:一是语言要礼貌友善,传递信息简洁,控制语速语调,使用礼貌用语;二是接电话要迅速接听,积极反馈,热情代转,做好记录;三是打电话要时间适宜,有所准备,注意礼节。

（三）馈赠礼仪

用于馈赠的礼品要有情感性、独创性、时尚性、适俗性。赠送礼品时,应精心包装,表现大方,认真说明;接受礼品时,应坦然受礼,当面拆封,拒礼有方。

（四）探访接待礼仪

探访要预约，不要横冲直撞地进入别人的工作区，打扰别人。

接待时，要让客人感到真诚、热情、礼貌、周到，使客人有宾至如归的感觉，要让他们高兴而来，满意而归。

涉外接待具有跨国性、共同性、民族性、应用性等特征。基本原则是尊重对方、捍卫自尊、实事求是、入乡随俗、不卑不亢、保守机密，基本要求是信守约定、不必过谦、讲究次序、尊重隐私、女士优先。

（五）交谈礼仪

交谈时，要做到准确流畅，委婉表达，掌握分寸，幽默风趣。同时，不要忘记使用问候语、欢迎语、致歉语、回敬语、祝贺语、道别语等。

交谈时选用的话题内容要文明、格调高雅。听别人讲话时，要耐心、专心、热心。

（六）网络礼仪

教师通过网络、短信等方式与他人交往时，应牢记教师身份，恪守公德，诚信为本，注重维护教师职业形象。在网络活动中，教师要自觉遵守网络文明，自觉抵制不健康的、非法的、低俗的网站和内容。在使用网络语言时，教师要尊重他人，语言礼貌，语气友好。对于他人的个人信息，教师应该注意保密，以免给他人带来伤害。

在网络交往中，在不熟悉对方的情况下，不要轻易开玩笑；不造谣、信谣、传谣，不诽谤、谩骂、散布流言等，不损害或搅乱他人的工作与生活。

同时，要尊重他人的学术成果，不抄袭他人的文章，在个人网站、博客转载他人的文章时须注明来源。

（七）事务礼仪

学校事务活动较多，如教育教学研讨、教学展示、专家讲座指导、教职工联谊等。这些活动的开展都要求有明确的活动目的和鲜明的活动主题，教师要认真策划，周密安排，努力实施，确保成功。

在活动开展过程中，教师要具有良好的修养、敏捷的思维和渊博的学识，要能言善辩，彬彬有礼。

学校公务往来的文书种类较多,有公开信、感谢信、介绍信、邀请信、请柬、聘书、答谢词、迎送词等。文书的写作要求是委婉含蓄、语气平和、通俗易懂、语言精练、感情真挚、朴实简短等。

二、场所礼仪

(一) 校门礼仪

进入校门时,教师要将胸卡佩戴在胸前。遇到同事、学生或来宾时,应主动微笑地问候、致意。

车辆进出要礼让,停放有序且规范。进入校门时,自行车(电瓶车)要推行,汽车要慢行至指定地点。离开校园时,自行车(电瓶车)要推行,汽车要慢行至校门口。车辆在校内行驶或进出校门时,应遵守交通规则,主动避让其他车辆和行人。

(二) 课堂礼仪

进教室前,教师应准备好上课教材、教具,并检查和整理好自己的仪容仪表,不携带通信工具进课堂,或关闭通信工具,或将通信工具设置成静音。

上课时,教师的仪态举止要优雅得体。不坐着或靠着讲课,也不过多地来回走动。要用普通话教学,语言要规范,语速要适中,语气要亲切,语音要清晰,语意要准确。要多用褒义词,"慎"用贬义词,活用中性词;多用激励语、劝慰语等软性语言,不用有胁迫、侮辱倾向的硬性语言;多用征询语气,少用命令语气;多用正面语式,不用反面语式。要认真、耐心地倾听学生发言,中途不要打断;不侮辱学生人格,不讽刺挖苦学生,不体罚或变相体罚学生。

教师的目光要关注每一个学生。比如:正确选择目光投放点(把目光中心放在倒数二三排的位置,并兼顾其他排);表情温和、面带微笑;加强目光巡视,消除"教学死角";用目光给予信号,提高学生的注意力;提问和课堂讨论时,对不同的情形采取不同的目光交流,并及时用目光制止学生的嬉笑打闹。

下课时,教师要与学生礼貌告别,保持愉快的心境。教师要切忌在拖堂或学生施礼时,埋头收拾自己的东西并匆匆离开教室。

【案例】

教师礼仪

我的初中数学老师是一名60多岁的女教师,也许是已经退休且被聘回的缘故,她的脾气时好时坏,对学生的要求也是很高。有一次,在上线面的关系一课时,她叫起一名平时数学成绩不太好的女生,问道:"你说,教室的墙壁和地面是不是垂直的关系?"或许是这位女生的注意力没怎么集中,没听清楚老师的问题,所以她迷茫地摇了摇头。这位数学老师立即甩了个白眼给她,带着一种嘲讽的口气说:"大家听听,××同学竟然说不是垂直的。"这个女生的脸当场就红了,她局促不安地站着,很长时间不敢坐下来。这位数学老师让她站了十分钟后才让她坐下。

在这则案例中,该老师就违反了教师课堂礼仪和与学生的交往礼仪。对于这位回答错问题的女同学,该老师没有考虑到她的感受,甩白眼、用嘲讽的口气讲话、罚站等行为都是对这位女同学的伤害。这些行为看似很微小,但在这位女同学的心里已经留下了不可磨灭的影响。该老师太过于追求结果的对错,却没有考虑到学生的自尊心理。或许该老师的出发点是好的,但是这样的教学模式不仅得不到好的预期效果,可能还会适得其反。

当遇到这样的情况时,教师即使很为学生没掌握知识点而着急,也要先平静下来,选择最适合的教导方式。就像这个女生,该老师可以再和她说明一下题目。如果她是之前注意力没集中,就该提醒她以后上课要认真听;如果她是真的没掌握知识点,也不能甩白眼、嘲讽或罚站,而要用平和的语气对全班同学进行讲解,提醒不懂的同学可以下课单独问老师。

另一方面,女生的脸皮比较薄,自尊心比较强。如果发现女生有脸红等现象时,教师就应该在全班同学面前给她台阶下,绝不可更加过分地批评她。这也说明了教师要因材施教,对于不同性别、不同性格的学生要用不同的教学方式。

(三)课间礼仪

在校内,上下楼梯靠右走。课间,值勤教师按时上岗,做好学生上下楼梯的疏导工作。

在校园内遇到同事或来宾时,教师应主动微笑地问候、致意。接受学生问候时,要回礼示意。不随手扔杂物,看到杂物主动捡起来,用实际行动给学生作榜样,共同维护校园的公共卫生。若发现非本班学生的冲突行为或问题,教师要积极询问具体原因并通知相关管理人员,共同营造和谐校园。

(四) 办公室礼仪

办公室是教职工在学校工作和休息的地方,也是教职工集体生活的场所。教职工之间的关系是平等的,应该互敬互爱,互帮互助。

(1) 以礼相待。早晨相遇时,应主动打招呼,互祝"早上好";课间相见时,应点头微笑,互致"你好"。下班道声"再见",得到人帮忙时说声"谢谢""辛苦了"。

(2) 言行高雅。不打听人私事,不背后议论其他教职工,不编造、传播、散布谣言,不闲聊谈笑;交谈时,应使用普通话,用语得体,吐字清晰,尽量降低音量,语气轻缓;在办公室要保持安静、认真工作、认真学习、认真研究,不说不做任何与办公无关的事。

(3) 干净整齐。自觉保持办公室工作环境的干净卫生,不在办公室内乱扔杂物等,教学资料及用品摆放有序,并注意随时进行整理;负责卫生值日工作的老师要提前到办公室,按要求自觉做好工作;办公用品的摆放应时刻保持整洁、美观;上班时,第一个进入办公室的应主动开门窗,最后一个离开办公室的应把门、窗、灯关好。

(4) 热情待客。有客人(或家长)来访时,应热情欢迎,微笑起立,让座请茶,认真倾听来访者的想法并作出积极回应;接待客人时,如果要离开或手头正有要紧的事要处理,应对客人说声"对不起,请稍等"。如果被访的教职工正好不在,其他教师也要热情接待,并帮助寻找被访者。结束交流时,应起立并将其送至门口道:"欢迎您下次再来!慢走!再见!"

(5) 不妨碍人。在办公室不高声讲话,不做体育游戏,不玩电脑游戏,不高声放录音,不看影视片,不下载无关材料,不浏览不健康网站等;要把手机调到振动状态或者降低来电音量;上班时间不煲电话,接电话时内容应尽量简洁,声音适度,避免干扰别人工作。

(6) 举止文明。在办公室内,站立时姿态应挺直、自然,落座时应轻稳,行走时动作轻捷。同时,要注意保持常规性的礼貌举止。

（五）集会礼仪

集会在学校是经常举行的活动，如开学典礼、毕业典礼、升降国旗和奏国歌、运动会和联欢会、主题班会、节庆、校庆等。集会一般在操场或礼堂举行，由于参加者人数众多，又是正规场合，教师要格外注意集会中的礼仪。

1. 升旗仪式

国旗是一个国家的象征，升降国旗是对青少年进行爱国主义教育的一种方式。升旗时，全体师生应整齐列队，面向国旗，肃立致敬；升国旗、奏国歌时，要立正，脱帽，行注目礼，直至升旗完毕。升旗是一种严肃、庄重的活动，一定要保持安静，切忌嘻嘻哈哈或东张西望。当五星红旗冉冉升起时，所有在场的人都应抬头注视。

2. 会议礼仪

开会时，要提前五分钟入场，按指定位置入座；要服从大会统一指挥，遵守大会统一要求，开会期间既不能无故提前离开或不告而退，也不能随便来回走动；要聚精会神，不随便议论、讲话、大声喧哗、打闹，保持会场肃静。

会议过程中，不喝倒彩、鼓倒掌、打口哨、嬉笑、起哄，不睡觉或看书刊杂志等，不做与会无关的事情。保持会场卫生，不吃东西，不乱扔瓜果皮核，不吸烟，不随地吐痰。

会议结束后，应以热烈掌声表示感谢和赞美；退场时，不乱拥乱挤，应让领导和来宾先走，然后再带领学生有序离场。

爱护公共设施，不用脚蹬座椅。前后换座位时，要沿中间过道绕行，不能跨越座椅。进入会场时，要脱帽，坐姿端正，不能跷二郎腿，更不能勾肩搭背。

3. 参赛礼仪

入场有序，不随意走动；对他人的表演，鼓掌以示谢意，不起哄、喝倒彩，自觉维持赛场秩序；语言文明，不攻击其他比赛选手、班级；服从评委的裁决。

4. 听课礼仪

听课时，应提前到达听课地点，做好听课准备。听课座位应选择不影响上课的位置。认真聆听，关闭通信工具或将其调成静音，虚心聆听，安静专心，认真记录。不无故中途离场，不做与听课无关的事，不在课堂上交谈议论。

教师交往礼仪

人们在社会交往活动过程中形成的应共同遵守的行为规范和准则,具体表现为礼节、礼貌、仪式、仪表等,合称交往礼仪或社交礼仪,具有以下特征。第一,普遍性。在任何国家、任何场合、任何人际交往中,人们都必须自觉地遵守礼仪。第二,规范性。讲究礼仪,必须采用标准化的表现形式才会获得广泛认可。第三,对象性。在面对各自不同的交往对象或在不同领域进行不同类型的人际交往时,往往需要讲究不同类型的礼仪。第四,可操作性。在具体运用礼仪时,"有所为"与"有所不为"都有各自具体的、明确的、可操作的方式与方法。

一、交往礼仪对教师发展的作用

(一)提高教师的修养

在人际交往中,交往礼仪是衡量文明程度的准绳。它不仅反映着教师的交际技巧与应变能力,还反映着教师的气质风度、阅历见识、道德情操、精神风貌。在这个意义上,交往礼仪即教养,而有道德才能高尚,有教养才有修养。教师对交往礼仪运用的程度反映了其教养的高低、文明的程度和道德的水准。因此,内强素质,外塑形象,时时处处都能以礼待人,这样教师就会显得很有修养。

(二)有助于教师美化自身和生活

个人形象是一个人仪容、表情、举止、服饰、谈吐、教养的综合,而交往礼仪在上述诸方面都有详尽的规范。因此,它有助于教师更好、更规范地设计个人形象,维护个人形象,更好、更充分地展示个人良好的教养与优雅的风度。这种美化自身的功能,任何人都难以否定。当个人重视美化自身时,大家都能以礼待人,人际关系将会更加和睦,生活将变得更加温馨。这时,美化自身将会发展为美化生活。

（三）方便交往和应酬

一个举止大方、着装得体的教师肯定会比举止粗俗、衣着不整的教师更受欢迎。因为着装得体、整洁不仅表示尊重和重视对方，还显现出个人的自信，有利于获得合作伙伴的信任。

（四）增进彼此感情

随着交往的深入，交往双方可能会产生一定的情绪体验。它表现为两种情感状态：一种是感情共鸣，另一种是情感排斥。交往礼仪容易使双方互相吸引，增进感情，有利于良好人际关系的建立和发展。反之，如果不讲礼仪，粗俗不堪，就容易产生感情排斥，造成人际关系紧张，给对方留下不好的印象。

（五）规范教师行为

交往礼仪最基本的功能就是规范各种行为。在社会交往中，教师与交往对象相互影响、相互作用、相互合作，如果不遵守一定的规范，双方就缺乏协作的基础。交往礼仪可以使教师明白应该怎样做，不应该怎样做，哪些可以做，哪些不可以做，有利于确定自我形象，尊重他人，赢得友谊。

二、教师交往礼仪的原则

（一）真诚尊重

苏格拉底曾言："不要靠馈赠来获得一个朋友，你须贡献你诚挚的爱，学习怎样用正当的方法来赢得一个人的心。"可见在与人交往时，真诚尊重是礼仪的首要原则。只有真诚待人才是尊重他人，只有真诚尊重才能创造和谐愉快的人际关系。

真诚和尊重是相辅相成的。真诚是对人对事的一种实事求是的态度，是待人真心实意的友善表现，也表现为对于他人的正确认识，相信他人，尊重他人。所谓心底无私天地宽，是指只有真诚奉献才有丰硕的收获，只有真诚尊重才能使双方心心相印，友谊地久天长。

（二）平等适度

在社交场上，你给对方施礼，对方自然也会还礼于你，必须讲究平等原则。

平等是人与人交往时建立情感的基础,是保持良好人际关系的诀窍。在交往中,平等表现为不骄狂,不我行我素,不自以为是,不厚此薄彼,更不傲视一切,目空无人,以貌取人,或以职业、地位、权势压人,而是应该处处时时平等谦虚待人。只有这样,才能结交更多的朋友。

适度原则是指交往应把握礼仪分寸,根据具体情况、具体情境行使相应的礼仪。比如:在与人交往时,既要彬彬有礼,又不能低三下四;既要热情大方,又不能轻浮谄谀;既要自尊,又不能自负;既要坦诚,又不能粗鲁;既要信人,又不能轻信;既要活泼,又不能轻浮;既要谦虚,又不能拘谨;既要老练持重,又不能圆滑世故。

(三) 自信自律

自信原则是社交场合中心理健康的原则之一。一个有充分自信心的人,能在交往中不卑不亢,落落大方,遇到强者不自惭,遇到艰难不气馁,遇到侮辱敢于挺身反击,遇到弱者会伸出援助之手;一个缺乏自信的人,就会处处碰壁。自信但不能自负。自以为了不起、一贯自信的人,往往就会走向自负的极端,凡事自以为是,不尊重他人,甚至强人所难。

自律原则是正确处理好自信与自负的原则之一。自律乃自我约束的原则。在社会交往过程中,在心中树立一种内心的道德信念和行为修养准则,以此来约束自己的行为,严以律己,实现自我教育和自我管理,摆正自信的天平,既不能"前怕虎后怕狼"而缺少信心,又不能凡事自以为是而自负高傲。

(四) 信用宽容

信用即讲究信誉原则。古人言:"与朋友交,言而有信。"这句话强调的正是守信用的原则。守信是中华民族的传统美德。在社交场合中,尤其要讲究以下两点:一是要守时,与人约定时间的约会、会见、会谈、会议等,决不能拖延迟到;二是要守约,与人签订协议、约定和口头答应他人的事,一定要说到做到,所谓言必信,行必果。在社交场合中,如果没有十分把握,就不要轻易许诺他人,因为许诺了却做不到,反倒落了个不守信的恶名,从此会永远失信于人。

宽容即与人为善原则。在社交场合中,宽容是一种较高的境界。宽容是指容许别人有行动和判断的自由,对不同于自己或传统观点的见解有耐心、公正的容忍。在人际交往中，宽容的思想是创造和谐人际关系的法宝。宽容他人，理解他人，体谅他人，千万不要求全责备或斤斤计较，甚至咄咄逼人。

三、教师交往的主要对象与礼仪要求

（一）与同事交往的礼仪要求

教师与同事交往主要形成以下三种关系：一是与身边共事的同级同事的关系；二是与直接或间接指挥自己工作的上级领导的关系；三是与自己直接或间接指挥的下级同事的关系。

处理好与同事的关系，直接关系到其工作、事业的进步与发展。如果同事间相处和谐，就会心情愉快，有利于工作的顺利开展。反之，如果同事间关系紧张，就会阻碍个人事业的发展。

1. 尊重同事

人际交往的基础是相互尊重，在这个基础上才能正确处理好与同事的关系。而同事之间的关系以工作为纽带，不存在亲情关系，一旦失礼，就很难像亲友那样用亲情弥补。

2. 团结合作

"一只蚂蚁来搬米，搬来搬去搬不起；两只蚂蚁来搬米，身体晃来又晃去；三只蚂蚁来搬米，轻轻抬着进洞里。"这首儿歌说的就是团队合作的事实。同一个单位中，每个人的工作既有相对独立性，又都和全局相关联，如果只顾自己，不肯与他人协作，就会影响团队的战斗力和整体形象。一个单位的工作就像下棋，输赢系于每个棋子，"一招不慎，满盘皆输"。整个棋局都输了，再有力量的棋子也没有任何价值。

3. 求同存异

不同的同事个性志趣不同，工作风格也相异，但共同目标都是做好工作，获得发展。在这一前提下，即使性格不合，为了共同的目标，也应以大局为先，求同存异，互相包容。你如何待人，他人就如何待你。学会为他人着想，就会产生同化，彼此间的关系就会更加融洽，双方的合作才会成功。

存异还包括其他方面的"异"，如着装打扮、为人处世、个人举止等不符合大家的价值观。有些人因此表现在工作上不愿配合,不与这样的人为伍。同事之间在一起是为了做好工作,其他方面没有必要过于介意。

4. 学会沟通

同事之间的良好沟通,可以使你左右逢源。工作中,遇事先打招呼,有疑问先了解,以减少误会,杜绝猜疑,加深理解,增强信任。有了事先的充分沟通,执行起来就更能吸引对方参与其中。沟通要养成一些好习惯,比如,保护他人隐私,表达出理解,不议论他人短处,不炫耀自己的能力,多提建议,尊重差异,避免主观臆断,不要以指导的方式说话,等等。要想做到积极沟通,还必须言行一致、信守承诺,这样才能真正获得理解,形成默契。

(二) 与学生交往的礼仪要求

1. 与学生相遇时的礼仪

师生在校园里朝夕相处,如果相遇时,通常由学生主动向教师打招呼,教师应面带微笑地回应学生的问候:"早上好!""同学好!""同学再见!"

2. 与学生谈话时的礼仪

一是选择好地点和场合,有利于学生接受意见。如果是表扬或讨论班级工作,可在教室或办公室进行谈话;如果是批评或了解情况,宜在不引人注意的地方进行谈话,如走廊、球场,有时也可选办公室。

二是师生平等,平易近人,不训话。教师要做到"与学生面对面谈话,心与心沟通"。谈话时,要认真,虚心地倾听学生的意见(包括片面的、错误的意见),然后真诚地表达自己的看法。

三是谈话热情,彬彬有礼。谈话前,可请学生就座;谈话后,应送学生离开。谈话时,教师要热情有礼,不能板着面孔,冷冰冰地说话。

四是表情温和,面带微笑,目光坚定。微笑就是向学生表明:"我喜欢你,我愿意和你交流。"目光注视学生,亲切、自然、坦诚、热情、友善,不躲闪或游移不定,范围在学生眼睛到下巴之间的区域。

五是语言要有艺术性。比如:要生动形象,富有感染力;要平实自然,不哗众取宠。教师要善于使用情感性言语和态势语言,语音、语调、语速适宜。声音美是指发声要清晰,音量语速要适中,发音要标准。谈吐美是指说话要专心致志,动作不能太夸张。

六是注意语言禁忌。俗话说：良言一句三冬暖，恶语伤人六月寒。"言为心声，语为人镜。""语言是人们心灵的窗口。"对教师来说，语言是其工作的基本手段，因此教师要做到语言美，以下九方面的话不要讲：不讲伤学生自尊心的话；不讲有损学生人格的话；不讲埋怨责怪学生的话；不讲品头论足的话；不讲讽刺挖苦学生的话；不讲粗俗蛮横的话；不讲不耐烦的话；不讲"嗯、啊"之类的口语；不讲脏话、胡话、套话、废话、黑话。

(三) 与家长交往的礼仪要求

1. 家长会礼仪，包括在校会见家长时的礼仪

教师服饰庄重，举止文雅，给家长以亲切和信任感；会见中尊重家长，语言礼貌。基本要求：第一，实事求是地介绍学生的情况；第二，对学生多一些表扬鼓励，少一些批评指责；第三，对家长应用商量的口吻，不能用命令的口吻；第四，多给家长一些发言机会；第五，不把家长当作发泄的对象，不教训家长；第六，做好准备，中心突出，内容丰富，热情待客，使家长高兴而来，满意而归。

2. 家访礼仪

一是选好时机，预约前往。家访前，应写便条或打电话预约，并把家访的主要内容告诉家长，让家长有思想准备。预约的口气应该是友好的、商量式的。二是衣着整齐，举止稳重，温文尔雅。三是敲门有艺术，进门后，家长让座，坐姿规范有礼仪。四是家访时间不宜过长，达到预期目的即应告辞。五是讲究方式，用语合理。交谈时，学生最好在场，对学生多表扬、少批评，与家长诚恳沟通，互通信息，切忌"登门告状"。六是如果家长未请参观，就不要在学生家里东张西望。七是家访时，若是雨天，不可将湿淋淋的雨伞带进室内；如遇新客来访，家长作介绍时，应起身向来客问好。

3. 平时与家长交往的礼仪

尊重家长，与家长交谈要谦和、诚恳，做到来有迎声，问有答声，去有送声。向家长实事求是地介绍学生的具体情况。对家长应用商量的口吻，多给他们指导性的意见和建议，多给他们一些表达意见和建议的机会，切忌教训或指责家长。

4. 与家长交往的黄金原则

一是对家长的态度真诚,永远保持微笑地与家长交谈、交往。二是学会容忍,克服任性,要尽力理解家长,遇事要设身处地为家长着想。三是正确地评价学生,多讲学生的优点,切忌挫伤家长的自尊心。

5. 与家长成功交往的技巧

一是称呼得体,记住家长姓名,并根据年龄、身份、职务等确定一个合适的称呼,如经理、书记、主任、律师等。二是语气委婉,用热情、关心、委婉的语气与家长平等对话,风趣幽默更佳。三是正确运用非语言技巧,如面带微笑,主动问候,使用礼貌用语,手势恰当,握手有力,姿势大方端庄,穿着得体。四是神态自然,尽量使自己的表情和蔼、亲切、庄重、自然。

"身教重于言教,榜样的力量是无穷的。"教师在遵循教师礼仪的基础上,进行教学内容、手段、方法的创新,才能取得改革的效果。因此,教师不仅要不断提高思想觉悟,及时掌握和了解本学科及有关学科的最新动态和发展趋势,更新教学内容,积极开展教学科研活动,还要掌握相应的教师礼仪,"活到老,学到老",以提高自己的思想素质和知识结构,努力开创教学的新天地,为完成崇高的历史使命贡献最大的力量。

修炼五

做一名学生喜欢的教师

● 做学生喜欢的教师，上学生喜欢的课，是每个教师追求的目标。新教师怀揣着教书育人的梦想，有着初为人师的喜悦与激情，都想通过自身的努力与付出成为学生喜欢的教师。新教师踏上工作岗位，面对一个个鲜活的个体时，要善于发现每个学生的不同个性，走进他们独特的个性世界，就要学会读懂学生、关爱学生、尊重学生与赏识学生，就要做到心中有目标，勤学习、求上进，多沟通、乐请教，重责任、讲奉献，明目标、求完美，促使自己在学习中成长，在临摹中迈步，在博采中丰盈。学做一名学生喜欢的教师，是新教师成长的起点与终点。

学会读懂学生

数学教育家波利亚认为：教师在课堂上讲什么当然重要，然而学生想的是什么更是千百倍的重要。这告诉我们，新教师不仅仅是站在讲台上教书，更多的是要了解学生和读懂学生。大部分教师都能做到"读学生"，但离"读懂"还有一定的距离。读懂学生，需要教师全面了解学生的成长状态，细心解读学生的成长需求，寻找学生发展的可能空间。这对新教师来说既是一种挑战，也是一种基本责任。

一、了解学生的内心需求

每一位学生都有不同的内心需求，新教师要想了解他们的内在需求，就既要有教育理论、心理学基础，又要在教育教学实践中不断主动发现与积累。新教师要想了解学生的身心发展规律，就不仅要体会学生的情感需求，还要关注学生的成长需要，细致观察学生的言行，认真倾听学生的想法，真正感悟学生的心声，从而获知学生的内心需求。

（一）学会观察，了解学生的内心需求

尽可能深入了解每一位学生的精神世界，这是教师执教的首条金科玉律。新教师要拥有一颗童心，只有多角度观察，才能知道学生真正需要什么。新教师可以在学生的学习、生活中，通过言行来观察他们的真实行为与思想，了解他们的内心需求、性格特点、认知水平、学习习惯等。通过课堂表现、作业情况、交心陪伴、活动游戏、情绪状态等，关注学生的个性差异、内心世界与思想动态，了解学生的共性与个性，认真对待每一位学生。观察学生时，新教师要注意有计划、有目的、有针对性地进行，要多观察，多方验证，切忌主观臆断。

（二）学会倾听,走进学生的心灵

走进学生的心灵,既需要真诚,又需要技巧。新教师要善于倾听,不能只是"老师谈,学生听",要站在学生的角度去理解、倾听他们的诉说,发自内心地尊重他们,把学生当作平等的朋友。出现问题时,要尽量用"孩子的眼光"去看待,用"孩子的情感"去体验,这样才能真正走进学生的心灵。

【案例】

新教师不靠谱

宋老师第一年工作就担任班主任。记得刚开学不久,班上一个学习成绩不错的男生在班上扬言:"我不喜欢宋老师,新老师就是不靠谱。"听到这样的话,宋老师心里顿时难受极了。宋老师非常想成为一名受学生欢迎的老师,所以她努力去了解情况。初次接触时,宋老师得知了他的真实想法:想好好学习,想学到更多的知识,对知识有一种渴望,但新教师的课堂技能、教学经验不足……

宋老师在接这个班的时候,有些手足无措,主动请教了一些经验丰富的班主任。他们建议宋老师不要急于讲课,要先跟学生熟悉一下,了解孩子们的基本情况与学习习惯等。课间休息时,她不急着回办公室,在孩子们中间停留片刻,与孩子们聊聊天,听一听他们身边发生了哪些有趣的事情,和他们说一说最近关注的动画人物;向孩子们借阅一些他们手中有意义的课外读物,共同分享阅读后的感受;组织学生开展一些有意义的活动,安排一点时间和他们一起玩耍;班上的大小事情都尽量征求孩子们的意见。由于要准备这些工作,宋老师连续两天没有讲新课,其他学生还好,这个爱学习的男生就对新班主任有了意见。了解到事情的原委后,宋老师主动找他沟通交流,了解他内心的真实想法,跟他讲述了自己的想法与做法。相处几天之后,这个男生也开始慢慢地喜欢上了宋老师,惊叹宋老师的渊博学识,佩服宋老师的兴趣爱好,师生之间的关系亲密了许多。

通过这件事情,宋老师感悟到新教师要深入了解班级的整体情况,尽可能地了解学生的个人学习情况,包括学生的知识水平、学习能力、学习习惯等,不仅要关注学生的智能水平与个体差异,要关注学生的言语表情和情感需求,还要关注学生的学习困惑与生活环境等,这样才能收到事半功倍的效果。

二、了解学生的兴趣爱好

兴趣是学生最好的老师。教师要了解学生的兴趣爱好,要依据学生的兴趣特点施教,包括围绕学生的兴趣点设置任务,依据学生的兴趣点进行提问,抓住学生的兴趣点组织教育教学内容,适时给予赞许和鼓励,帮助学生培养学习兴趣,这样学生就会带来意想不到的惊喜。

(一)善于发现学生的兴趣爱好

兴趣是学生最好的老师,它不仅可以减轻学生对学习产生的疲劳,维持较长时间的学习活动,还有利于保护学生的心理健康。每一位学生都会对自己感兴趣的事情给予优先注意和积极探索。新教师可以根据学生的年龄特点、性格气质、兴趣爱好、动机需求等,发现每一位学生的兴趣、爱好与特长,在活动、游戏、竞赛中了解学生的兴趣爱好,引导他们将自己的兴趣爱好发展成一种能力与特长。

(二)针对学生的特点培养兴趣爱好

要真正了解学生的兴趣和爱好,仅仅靠交谈是"问"不出来的,还必须在"行"上下功夫。新教师可让学生广泛接触各种事物,这样既可以全面培养学生的爱好,又可以发现学生潜在的特长。

【案例】

让每一颗星星都能闪耀

小包性格比较执拗,他不喜欢做的事情绝对不做,这让许多任课教师比较头疼。这一年,李老师任教他们班级的自然课。在第一节课上,李老师让每位学生找出书本中最感兴趣的问题,然后进行记录。当李老师走到他身边时,他正在拆装手里的一个鼠标,李老师轻声问他:"你对电脑很感兴趣吗?你家电脑是什么配置呢?"这一问果然问到了他的兴趣点上,于是小包和李老师滔滔不绝地谈论起电脑方面的知识。在了解了小包对科技感兴趣后,每当上课讲到相关内容时,李老师总会请他回答几个问题,适时提高一下他的课堂参与感。可是好景不长,有一次李老师发现他又在下面不停地和旁边的同学说话、做小动作，扰乱教学秩序。下课后，李老师问他为什么又在课上调皮捣蛋了，他说课上的内容太基础、太简单了，觉得很无聊就做其他事情了。

为了寻找课堂任务的平衡点，增加他的课堂参与感，李老师任命他为自然课代表，让他帮老师一起准备上课材料、发实验材料。他很乐意地接受了这个小任务，成为李老师的一名得力小助手。有次比赛，他一路过关斩将，不仅通过了区的选拔，还在市"金钥匙"的比赛中取得了二等奖的好成绩。

和小包接触的过程中，李老师放下架子与成见，把他的兴趣爱好记在心上，"蹲下身子和学生说话，走下讲台给学生讲课"，主动融入小包的学习生活中，做他信赖的大朋友。李老师找到这颗星星的"特别之处"后，慢慢走进他的内心，欣慰地看到他从"后进生"到"科技新星"的转变。师生之间的关系从起初的冷漠到后来的融洽，这让李老师感受到做教师最幸福的时刻。

三、了解学生的生活背景

苏霍姆林斯基曾经说过："教育的效果取决于学校和家庭教育影响的一致性。如果没有这种一致性，那么学校的教学和教育过程就会像纸做的房子一样倒塌下来。"教师尤其是班主任，要了解学生的家庭情况、生活背景，密切关注学生的变化，要学会与家长沟通合作，与家长共同商讨孩子的教育问题。在孩子的成长过程中，教师和家长有着同样的使命——让孩子健康地成长。

（一）了解学生的家庭情况

家庭对学生的影响至关重要，学生的许多品质是在家庭的熏陶中形成的。新教师要全面了解学生，就要了解学生的家庭情况。通过家访、家长会、家长开放日等形式，进一步了解学生的家庭背景与生活环境，了解学生的家庭结构（完整家庭与离异家庭、独生子女家庭与非独生子女家庭等）、家庭条件与家庭氛围、教养方式等，了解学生的性格特点、学习习惯和在家表现等，这可以让教育行为做到有的放矢，避免不必要的师生冲突，使得家校沟通更顺畅。

（二）学会与家长沟通合作

不同的学生有着不同的生活经历、受教育经历和家庭环境，在这些因素的共同影响下,学生会形成比较固定的特性。在影响学生心理发展水平的因素中,某些因素是人为的、可以改变的,新教师可以通过与家长的沟通交流,关注学生的动态变化,加强家校合作,共促学生发展。

【案例】

从学校培育到家校陪伴

小赵平时上课最"要紧"的事情就是发呆,对于老师布置的作业总是不愿意完成,经常拖拖拉拉。张老师电话联系其家长,了解到兄弟姐妹三人,他在家中排行最小,又是一个男孩子,家人异常宠爱。他妈妈平时以开大货车为生,一走就是两三天,而爸爸整天在家里无所事事,对孩子做不做作业无所谓。张老师请他家长来学校面谈时,小赵爸爸回了张老师一句:"我们家长有用的话,要你们老师干什么?"这句话令原本信心十足的张老师目瞪口呆,后面的交流也就戛然而止了。

张老师反复思考这句话,提醒自己要换位思考,没有一个家长不想让自己的孩子变得优秀,但他们的文化水平确实有限,不必强求他们每天辅导督促孩子的功课。于是,张老师决定上门家访。这次家访,张老师与小赵父母达成了一致意见,以积分制的方式来教育引导孩子每天完成作业。课堂作业由老师来辅导督促,父母虽不需要辅导家庭作业,但一定要督促孩子完成作业,绝不能放任散养,因为小学阶段正是学习习惯和方法养成的重要时期。这样一来,学校与家庭同时起到督促作用,对他也是一个不小的激励。之后,小赵的作业正确率虽不高,但已经愿意完成在他能力范围内的作业,已经是不小的进步了。

"我们家长有用的话,要你们老师干什么",这句话让张老师深深感触到教育孩子要从学校培育到家校陪伴。每个学生的成长环境不同,生活与家庭环境也不一样,教师要做一束温暖学生心灵的阳光,不要奢望每一个家庭的父母都懂教育。像小赵这样的学生,教师和家长之间要多沟通、多合作,多交换意见,多视角理解。教师每天面对的是来自不同家庭、不同生活背景的一个个鲜活的生命,更应该多了解、多关注,要有一颗包容的心,接纳学生的优点和缺点,接纳学生的不完美,尽可能地让每个学生都得到充分的发展。

学会关爱学生

苏霍姆林斯基说过:"教育技巧的全部奥秘在于如何去爱学生。"亲其师,信其道,没有爱就没有教育。爱不仅是教育的一切,更是教育成功的保证。对踏上工作岗位不久的新教师而言,要想学生喜欢你,就必须给予学生喜欢你的机会,要学会如何从心理、言行、情感上去关心和爱护学生,用教师所特有的无私的、不掺任何杂念的爱去激励、影响学生。

一、从心理上关爱

学生作为一种特殊的社会群体,正处于生理、心理迅速发育的关键时期,容易出现各种心理健康问题。学会关爱学生就要从心开始,要用心了解不同年龄阶段学生的心理状态,及时关注学生的心理变化,加强心理沟通,维护学生的心理健康。同时,新教师还要学会调节好自己的心态,正视现实,放平心态,这样才能为爱学生提供坚强的心理保障。

(一)学会了解学生的心理状态

每个学生都有一个完全特殊的、独一无二的世界。作为新教师,要善于发现每个学生的不同个性,精心呵护这些生命,走进他们独特的个性世界,对他们加以引导和帮助,给以悦纳和确认,让每个学生都享受到爱的阳光雨露,在温暖、滋润的环境中茁壮成长。不同年龄阶段的学生的心理状态是不同的。幼儿园的孩子对教师的依赖性特别强,教师的话对他们来说就是"圣旨",言听计从;小学生对教师的依赖性还非常强,但他们已经有了对事物的自我判断能力;中学生已经进入青春期,自我意识比较强,有时还会出现一些叛逆的言行。不同年龄阶段的学生的心理状态也有共同之处,如他们都期望自己的表现得到老师、家长和周围人的肯定和认可。作为新教师,除了掌握教育基础知识外,还要针对不同年龄阶段的学生的心理特点,每天用心去了解学生的心理状态,及时掌握学生的心理变化,这样才能为"爱孩子"奠定扎实的理论基础。

(二) 学会调节好自己的心理状态

走上岗位前,新教师对课堂充满好奇,对学生充满热情,期望每个学生都是"懂事的孩子",幻想着每个学生都能聚精会神地听讲。但真的进入课堂后,新教师往往会感到失望:课堂中总是有学生回答不出问题、做小动作、眼神不看老师、不交作业、成绩不如人意……这些现象在任何一所学校、任何一个班级中都存在。这一切的一切都会让满腔热情的新教师自责、失望、伤心,从而降低教学热情,甚至怀疑自己当初的选择是否正确,怀疑自己的教学能力是否有问题。在这种急躁、怀疑、失望的情绪下,"爱孩子"只能成为一句空谈。因此,在了解学生心理状态的基础上,教师要调节自己的心理状态,正视现状,要明白学生有些不足甚至犯错是必然的。首先,孩子是未成年人,他们说话、做事都以感性为主;其次,不同的社会背景、学校教育和家庭教育也会让他们的学习热情、学习态度、行为方式有所不同。教师就是要用教师的知识、行为来引导学生弥补不足和少犯错误。新教师要正视现实,放平心态,这样才能为"爱孩子"提供坚强的心理保障。

二、从言行上关爱

关爱学生就是要胸中装着学生,心中想着学生,服务于学生。当学生心理上产生苦恼时,新教师要及时帮助解决问题;当学生身体上产生不适时,新教师要及时帮助寻医问药;当学生学习上遇到困难时,新教师要及时帮助清理路障;当学生在生活上遇到不便时,新教师要及时帮助排忧解难。

(一) 学会让学生感受到教师的爱

教师是一面镜子,是一个真实的样本,新教师的一言一行都影响着每一位学生。有这样一位新教师,她对自己的工作要求很高,对学生也严格要求,每天早出晚归,尽心尽责,周围教师对她的评价很高,教学成绩也不错。但在一次学生座谈会上,学生们对这位新教师的评价却不理想,认为她很少爱他们。究其原因，这位教师把对学生的爱深深地藏在心底，学生感受不到她的爱。对学生高标准、严要求固然没有错，但如果只让学生感受到教师的高标准、严要求，而没有让学生感受到教师对他们的关爱，这样的教育方式也只能起到事倍功半的作用。在高标准、严要求的同时，教师一句赞扬的话语、一个肯定的眼神都可以让学生感受到教师的爱。面对面地谈心时，教师要告诉学生"父母爱你，老师也爱你"，让教师的爱显露在学生面前，让学生感受到爱的存在。这样，才能让学生感受到教师对他们的爱，才能让教师内心深藏的爱引起学生内心的共鸣。

（二）学会"偏爱"部分特殊学生

马斯洛的需要层次理论告诉我们：每个人都有被人爱的愿望。如果教师能让每一位学生都在爱的阳光中成长，学生的潜能就会被不断激发。在班级群体中，多则50多名学生，少则30多名学生，其中肯定有行为习惯好、认真听课、学业成绩好的学生，也有行为习惯有些偏差、上课容易开小差、不按时交作业的特殊学生，这时新教师赞许的眼神、表扬的话语该如何分配就显得十分重要。教师是学生成长过程中的引路人，要在公平公正爱护每一位学生的基础上，偏爱部分特殊学生。表现好的学生教师固然喜欢，但如果教师的爱总是表现在好的学生身上，那班级中的特殊学生就会自暴自弃。尽管这些特殊学生平时表现不佳，但他们内心深处也渴望教师赞许的眼神、表扬的话语，教师的偏爱对这些孩子的成长有重要作用。

魏书生老师在介绍经验时这样说道：在他上课时，一个学习很差的学生，平时读不好课文，常读错字，还不流利。魏老师上课故意叫他，第一遍没有读好，同学们有的笑话他，而魏老师没有放弃他，请其他学生读了多遍后，又叫这个学生站起来读。魏老师对他说："不要害怕，要自信，就会成功，老师相信你。"听到老师的鼓励，这个学生读得好多了。在之后的阅读课文时，魏老师都让他来读，慢慢地他读课文不仅流利了，还参加了学校的朗读比赛。魏老师最大的成功之处就是心中有学生，不放弃任何一个学生，最重要的一点就是用老师的言行举止信任、鼓励学生。或许就是因为这份信任，让他充满了自信；因为这份自信，让他的人生充满了梦想；因为这个梦想，他持之以恒地努力，成就了一段不平凡的人生。

三、从情感上关爱

新教师爱学生的方式有许多,除了心理、言行上的关爱外,还有情感上的关爱。同样的一句话,语句的轻重缓急、音调高低,可以让学生感受到教师对他们爱的深浅;同样的一个动作,眼神的柔和与严厉、肢体的柔美与刚毅,也可以让学生感受到教师对他们爱的深浅。

(一) 用真诚打动学生

爱是人的一种基本需要,是学生的一种心理寄托,是学生的一种内心渴望。教师真诚的爱不但可以让学生体会到温暖之情,而且容易打动学生,用"将心比心"去实现"以爱换爱"的目的。

【案例】

请不要吝惜你的爱

每个新教师入职的前几个月都在手忙脚乱、不知所措中度过。刚当班主任第一个月的龚老师,几乎每日都"挣扎"在填写学籍卡、备课上课、处理班中偶发状况等事务中,迷茫又焦躁。雪上加霜的是,她的班级还接纳了一名比较特别的学生小刚。该生从小被宠爱,自控能力差,养成了许多不好的行为习惯。为了改掉这些"毛病",小刚的父母甚至主动向学校申请休学一年。因此,本该升入二年级的他却面临了人生的第一次"留级"。如何引导这位"特别"的孩子,成了龚老师入职以来的第一个挑战。

为了获得好的教育方法,龚老师经常请教经验丰富的班主任,还时常参考教育学、心理学等专业书籍,上网搜索各种教育"良方",但理论与实践之间似乎总有一面厚厚的墙,无法建立有效联系。缺乏带班经验的她只有努力爱着整个集体,不冷漠对待任何一名学生。每一件小事、每一次沟通,她都站在学生的角度考虑,揣摩学生的心理,对小刚也是如此。她没有将小刚定义为"捣蛋鬼",而是将他看成一个有性格的孩子,努力发掘他的闪光点,并让他感受到家人和老师的关爱。

十月的一个晚上,龚老师收到了小刚妈妈发来的几段语音,分享了家里的一个小插曲。那天晚饭后,小刚突然对妈妈说:"你们要送我去寄宿学校的决定是行不通的,我是不会去的。"妈妈惊讶于小刚怎么会有这种想法,转念一想,应该是用寄宿学校吓唬孩子的玩笑话被他当真了。不等妈妈回答,小刚继续说:"我们的班主任龚老师很爱我,她不会允许你们把我从一年级(1)班带走的。请你们相信,我一定会努力改掉坏习惯,让你们看到我的进步。"

"龚老师,我们很感谢您对孩子所倾注的爱,也很感恩孩子这么幸运,可以遇到您。"听到家长真诚的感谢,龚老师既有些惊讶,又有些感动。当好班主任、做好教育者的秘诀就是不吝啬自己的爱,并让孩子真切地体会到老师的关爱。这是龚老师入职后的"第一课",她明白了未来自己如何成为学生喜欢的老师。

(二) 用真情感染学生

"目以传情,情以感人。"其实,目光也是教师激发学生兴趣、传递爱的信息的重要方式。当你发现这个魔法口诀时,便会产生不一样的"化学反应"。教师要善于把握目光这一无声的语言,捕捉时机,适时向学生传递真挚的爱,争取感染到每一位学生。

【案例】

像魔法一样的目光

刚工作的雯雯和其他年轻教师一样,拥有着一颗爱孩子的心,却始终找不到适合的方式。由于刚接手一个三年级的班级,缺乏经验的雯雯总想着要先在学生们面前树立威信,然后再去了解每个学生。可刚过了一个星期,问题就来了:威信是有了,可学生们见了她犹如老鼠见了猫,话都不敢多说一句。

十月的一个晚上,雯雯收到了小华妈妈发来的信息:老师,你好。你对孩子们的真诚付出我们家长都感受到了,孩子们在学习上也比以前自觉了。可是,我发现孩子脸上的笑容变少了,有时候让她分享班级中的事也支支吾吾地说不清楚。所以,麻烦老师帮我关心关心。看到这样一条信息,雯雯犹如被泼了一盆冷水。那天晚上,雯雯辗转反侧,怎么也睡不着。第二天早上,她主动找学生交流,了解情况后才知道,原来自己在学生的眼里非常严厉,学生们生怕自己哪里出错被老师严厉批评。

这下雯雯变得焦虑了,她赶紧向经验丰富的老教师讨教。老教师们提醒她:学生毕竟还是孩子,一味地严厉只会让他们疏远你,你要学会严慈同体。怎样缩短和孩子们的距离?怎么才能让学生喜欢自己?雯雯思考着这些问题,她决定改变自己的教育教学方式。在班级管理中,雯雯用真诚的目光鼓励学生各抒己见,想出更好的点子来;在语文课堂中,有些胆小的同学不敢发言,雯雯就用温柔的目光激励他们,遇到有的同学回答问题出现错误时,雯雯就用善意的目光提醒他们;在学校活动中,雯雯用充满信任的目光为学生们加油打气。一个月过去了,雯雯看到学生们的脸上绽放出越来越多的笑容,学生们也和她越来越亲近了。

年轻的雯雯明白了原来和学生们相处,有时候不一定要用严厉的语言,其实很多时候目光往往更能打动学生。眼睛是人心灵的窗户,教师要用眼睛来观察学生的心理。教师的目光就像魔法一样,学生可以从中感受到关爱与鼓励,从而增进相互之间的交流,使学生从心灵上得到更多的启迪。

(三) 用真心对待学生

教育家陶行知曾说:"真教育是心心相印的活动,唯有从心里发出来的,才能达到心的深处。"人与人和谐相处需要不断沟通,同样,老师和学生之间的相处也需要沟通,需要用教师的真心沟通。沟通的方式可以灵活多变,不止于嘴上语言。一张留言条饱含了一位年轻教师对学生的真心,也承载了一位学生对老师的希望。

【案例】

留 言 条

工作刚满一年的汪老师便有自己和学生沟通的小秘诀——留言条。一年前,汪老师离开大学校园来到了一个新的舞台——学校,开始了她的三尺讲坛生涯。初来乍到的汪老师和学生们经过一段时间的磨合,彼此熟悉起来。汪老师很快发现班风、学风不太好,作业完成情况不理想,其中问题最严重的要数皓月了。皓月上课不爱思考,经常走神,作业要么乱做,要么干脆就不做。汪老师为此找他谈了好几次话,家长也来了好几趟,都是好了两天又"原形毕露"了。为此,她也很头疼,不知如何是好,整天愁眉苦脸。

有一次,汪老师在视频上看到有听力障碍的孩子和家长用便签交流沟通的故事。汪老师灵机一动:不妨试试用留言条和学生们进行沟通。第二天,皓月糟糕的作业本又交了上来,汪老师拿出留言条,写下了一段话:你是个乐于助人的男孩子,老师经常看见你会捡起地上的垃圾,会把笔借给同学,老师觉得很感动。所以,老师相信你也能在学习上做好作业,老师对你有信心。写完之后又画上了一个大拇指,夹在了皓月的作业本里。

就这样,汪老师每天都会给皓月写留言条,鼓励他,并指出他的不足。一个月过去了,皓月像变了个人似的,上课能看到他清澈的目光,看到他举起的手,听到他响亮的回答声;之前糟糕的作业本也像变了戏法似的,整洁的纸面、工整的字迹都在诉说着他的点滴变化。五月的一天,汪老师照常打开了皓月的作业本,发现了一张留言条,纸条上这样写道:汪老师,谢谢你。以前我一直觉得自己很没用,经常听到老师批评我,这个不好那个不行。可当我第一次收到您的留言条,才知道原来您是真心关注着我的,所以我一定要认真完成作业,好好学习。这时,皓月拿着一个盒子走了进来,原来他把汪老师的留言条都储存起来了,满满的一盒留言条让人看花了眼。汪老师的眼眶一下子就湿润了,原来自己的用心学生都感受到了。

从那以后,留言条便成了汪老师和学生们沟通的小秘诀,班级里的班风、学风逐渐变好了,学生们学习的积极性也比以前高了,汪老师脸上的笑容也比以前多了。

爱是人类特有的情感,教师对学生的爱是一种理智的爱、无私的爱,是一种伟大的爱、创造的爱。热爱学生是教师的天职,是教师师德的核心,它体现为教师对神圣的教育事业的追求、天赋和智慧。当人们惊叹于漪老师精湛的教学艺术和丰硕的教学成果时,无不被其崇高的人格魅力所深深折服,而这种魅力的根源就是其博大而深厚的爱心。"一辈子做教师,一辈子学做教师",这就是于漪老师的为师信念,也是每位教师效仿的精髓。一百位不成功的教师可能会有一百条失败的原因,而一百位优秀教师却都有一条共同的成功经验,就是热爱学生。

教育是一本永远都读不完的书,在这本书里有着许许多多的故事,但在每个故事中都离不开一个字,那就是"爱"。新教师对学生的爱并不是一味地对学生宠爱、溺爱,而是要严而又度,严慈同体。学会关爱学生是每位新教师在日常工作中的原动力,是新教师的必修课。

学会尊重学生

新教师要学会热爱学生,但只是爱是远远不够的。随着学生年龄的增长,他们的自主、独立意识日益加强,越来越强烈地要求教师给予自己理解和尊重。每位学生都希望能得到教师的尊重,这种被尊重的需要与学生心理和生理上所具有的特殊敏感性相联系。尊重可以缩短师生之间的距离,建立起和谐、融洽的师生关系,有助于激发学生的自尊心和成就感,有助于塑造学生健全的人格。

一、学会理解,维护学生的人格尊严

了解学生方能深刻理解学生,理解是师生心灵沟通的桥梁。新教师要学会理解学生的要求和想法,理解他们的幼稚与天真,要关注学生各方面的成长,要及时发现学生成长中出现的问题与困惑并予以正确的指导,这样才有利于建立良好和谐的师生关系。

(一)时刻维护学生的人格尊严

教师有管理教育学生的权利,但在人格上与学生是平等的。新教师要认识到自己的一言一行、一举一动都有可能改变学生的一生,因此要学会理解,时刻尊重学生的人格。

【案例】

注意保护学生的自尊心

某节语文课上,全班同学在做课内练习时,王老师观察到一名女学生的神态有点不对劲,做作业像是偷偷摸摸的,她没作声,和往常一样慢慢地从另一小组走到该生旁边,发现她在做别的作业。为了不伤她的自尊心,王老师并没戳穿她,而是若无其事地走到讲台前,再仔细观察一下,那位学生还是在一股劲儿地做别的作业。这一次,王老师有意从正面走到她面前,她"唰"地用语文练习本盖住。她的脸红了起来,并看了王老师一眼,立即做起了语文练习题。王老师看了看她,没说一句话,站了几秒后走到另一组去了。这件事只有她的同桌和王老师知道。课后,王老师找这位同学谈心。该同学表示,她知道错了,且感激老师没有当着全班同学的面批评她。在以后的课堂中,王老师看到了她能专心听讲,积极举手发言,作业质量明显提高,并且能主动向身边的同学请教,有问题时常来问老师,学习成绩有了提升。

有时,宽容引起的道德震动比处罚更强烈。王老师用宽容保护了该生的自尊心,使得该生在受到教育的同时,还能自己意识到错误,并给出一个孩子能够做到又对她有教育意义的方法去弥补过失,以理解包容的方法帮助学生学会自我约束,这种无声的批评要比有声的批评所起到的教育效果好得多。必要时要给学生"台阶"下,这样会达到事半功倍的效果。

(二)要注意教育学生的方法

对于正处于敏感阶段的孩子,他们的自尊心往往会因为新教师的一句不经意的话语或一个无意识的动作而受到莫大的伤害。例如,平日学习不太好的刘同学通过自己的努力在考试中取得了不错的成绩,而成绩一直较好的王同学却没考好。新教师在班上表扬了刘同学后,转头批评那个考砸了的学生说:"你看你,骄傲的尾巴都翘到天上了吧?这次连刘同学都考了这么高的分数,你却考成这样!"结果,两个学生的自尊心都受到了伤害,这点却是这位教师所没有想到的。可见,教师在教育学生的过程中,必须随时注意自己的言行,学会尊重学生,以免铸成无心之错。教师在批评学生时,对其进行讽刺、斥责、辱骂甚至体罚就更不应该了,这与教师的职业道德是完全相悖的。作为新教师,要注意教育学生的方法,在任何时候都不能为泄自己的一时之愤而作出有损学生人格、伤害学生自尊心的言行。

二、学会信任,尊重学生的个性差异

每个人都希望得到他人的肯定,以体现自身的价值,学生自然也不例外。作为新教师,需要懂得尊重学生的个性差异。一个班级 40 多名学生在一起学习和生活,难免会有个别学生表现欠佳,或是性格调皮,或是反应较慢,或是做事拖拉,这些都是正常的,生长环境与家庭教育的不同造就了他们个性的差异。

（一）信任学生是一种特殊的尊重

信任学生是一切教育教学活动得以开展的前提条件,是决定教育成功与否的关键要素。信任学生是一种特殊的尊重,对学生有着特殊的教育功能。每位学生都是一个独立的生命个体,他们的个性、能力、兴趣各不相同。作为新教师,要学会宽容,学会理解,学会信任,这样才能真正走进学生的内心,成为他们信赖的良师益友。

当教师不断地就某个问题批评学生时,就会发现,该生的缺点会不断蔓延、扩张,甚至一些原本良好的行为习惯也会随之改变。对该生来说,批评已经是家常便饭,"我就是个坏孩子"的想法已慢慢根植于他的脑海中。这样就容易形成"破罐子破摔"的消极想法,以及"犯错误,吃批评"的思维定式。作为新教师,要俯下身子,用无私的爱感染学生,给予他们一份信任、一份宽容,并积极寻找、放大学生身上的优点,抓住机会及时表扬与鼓励,抚慰他们的心灵,或动之以情,或晓之以理,激发他们积极向上的学习热情。

（二）成为让学生信任的教师

教育是心心相印的活动,实施教育必须让学生信任教师,这就要求教师要有高尚的人格魅力、高超的教学艺术和良好的师生情感。成为让学生信任的教师,就应该带着欣赏的眼光和积极的心态对待学生,善于挖掘学生身上的闪光点,创设一种宽松、安全、愉悦的学习氛围。教育无小事,只有教师把每一件小事做好,把每一个教育细节做亮,就能让学生信任教师。

【案例】

特殊的称呼——"姐姐"

起初了解不深,韩老师只知道小沈同学因为生病休学了一年而留了一级。他平时在班级里比较安静,下课后常常趴在课桌上,整个人稍显精神不足。韩老师在与小沈促膝而谈时,他低着头,默默地对自己说的话点点头,可以发现他性格内向。韩老师耐心地帮他分析错题,给予他鼓励。其实,高一的课程内容他前一年学过不少,但是英语学习却跟不上大部队。韩老师一方面很着急,另一方面又有些纳闷,小沈到底怎么了?

"老师,在吗?"周末一条小沈的QQ信息弹了出来,本以为他是要问韩老师一些英语问题,后面的信息却让韩老师的内心微微颤动。"老师,我有些话想跟你说,愿意听吗?""当然愿意。"韩老师答道。韩老师最近的确感到他的情绪不太稳定,上课的时候眼神有点空洞。在和小沈的交流中,他慢慢吐露心声:家中父母关系不和睦,经常吵架,给他带来了心灵创伤。父母望子成龙,这也使得在校成绩没有起色的他倍感压力,常常胡思乱想。为了逃避现实,他周末常常宅在家里,沉迷网络游戏。他表示,在学校里和同学互相打闹的愉悦能让他忘掉烦恼,他甚至觉得在学校里比在家里更好。聊到这里,韩老师心里很不是滋味,原来小沈是这样一个内心敏感又脆弱的男孩,心里的杂念、外界的纷扰像是荆棘一般紧紧缠绕住了他,让他挣扎却又无法摆脱,韩老师仿佛听到他内心呐喊的声音。

韩老师耐心地帮他分析当下的情况,缓解他内心胡乱的想法,给他提出调节心情的方法,为他制订学习计划。QQ屏幕就这样闪动着,师生整整聊了1个多小时。"谢谢姐姐陪我聊这么久,一次性说这么多很舒畅,以后私下里能叫你姐姐吗?"韩老师毫不犹豫地答应了他。

从此,每逢周末韩老师的QQ经常跳出"姐姐,在吗"的聊天框,小沈把韩老师视为知心大姐姐,慢慢地敞开心扉,韩老师也在与他谈心的过程中慢慢走入他的内心。随着对小沈的了解越发深入,韩老师逐渐发现他身上越来越多的闪光点。比如,每次问完问题他总不忘道谢,在校园里遇到也总是彬彬有礼地问好,上课要是犯了困下课也会来找韩老师反思,让韩老师帮忙给他补上错过的知识点。慢慢地,他倾诉的烦恼少了,开始讲一些愉快的事,也会偶尔调皮地和韩老师开个小玩笑。他开始渐渐开朗了,英语成绩也不再是班里垫底的,有时甚至能超过平均分。

每一个学生都是独特的个体,每一个特殊的学生心里都有个需要解开的心结。对于各类特殊学生,新教师要以更加平等的视角去和他们沟通,多尝试运用不同的新形式去了解和倾听,要用教育智慧巧妙地帮他们解开心结,更要尊重每个学生独特的个性，关注学生智力水平的差异。只有学生真正愿意为教师打开心扉，教师才能看到他真实的模样，找到问题的根源，给他指引未来的路，这便是教师的意义所在。

三、学会尊重，平等对待每位学生

学生的思想虽还不成熟，但他们也是一个独立的生命个体，他们不满足于被爱、被保护，他们更渴求尊重与平等。平等地对待学生，体现在教师工作的方方面面。语文特级教师于漪指出：老师的不公可能会引起学生之间的互相排斥，进而影响到一个集体的凝聚力。所以，老师要尽量做到公平，让每个学生都感觉到老师的关心，让每个学生都在老师的带领下团结一致。

（一）尊重学生，要注重教育方法

尊重学生包括尊重学生的人格、尊重学生的劳动、尊重学生的成绩、尊重学生的隐私等。尊重学生，就要尊重学生的成长规律。在教育教学过程中，新教师要注意寻求最佳的教育方法，尊重学生良好的发展意愿，努力保护好学生的学习欲望与自尊心。

【案例】

今天，谁是值日生

预备铃声响起后，我走进教室，看见黑板上还留着上节英语课的板书，便大声问道："谁值日？为什么不擦黑板？"班上鸦雀无声，见没人应答，我提高嗓门又问了一遍。这时，坐在后排的小明跑上来，匆匆忙忙擦了起来。小明是一位学习成绩较差的学生，平时说话不多，作业不及时上交。只见他匆忙擦着黑板，弄得粉尘飞扬。我趁机就说："同学们，都看见了吧，这都是一个人的不负责造成的。"这时，不知谁在底下嘟囔了一下："今天不是小明值日。"我的心微微一震，正想去看值日安排表。"卫老师，今天是我值日。"一个弱弱的声音传进我耳朵，"刚才我忙于做作业，忘了擦黑板。"我干咳了一声说道："下回注意，记得及时擦黑板，你先坐下吧。"此时，小明擦完黑板回到了座位上。我无意中听到前排两位学生之间的窃窃私语:"王超不做值日,卫老师就不会责罚,上次我忘了擦黑板,就被罚擦了两天。""谁叫你成绩不好?""老师就是偏心。"……我呆住了,陷入了沉思中。那节课,我不知道自己是怎样上的。当我直视小明时,只见他在回避我。下课后,我邀请他到我的办公室,第一次让他坐在椅子上,面对面地向他表达了我的歉意。

这件事让卫老师体会颇深:师生之间就像有一面镜子,教师如果能做到尊重每一位孩子,那么孩子们肯定也会尊重你。尊重是相互的,你把他们当作自己的孩子去爱护,他们自然也会从心底里真正认同你是他们的老师。每一位学生身上都有值得老师尊重的闪光点,而卫老师因自己戴了"有色眼镜"去看待学生,引起了学生间的纷纷议论。从那以后,卫老师时刻提醒自己,一定要事先了解情况,有调查才有发言权,要以平等的视角去和学生沟通,多尝试运用不同的形式去信任和尊重每一位学生,让学生感受到公平的待遇。

(二) 尊重学生,要善用教育智慧

每一个学生都有着自己独特的生命密码,带着独特的禀赋和不同家庭的影响来到学校。宽容、尊重差异,就是培植文化与人的多样性。新教师要通过语言、手势和微笑等多种方式来尊重学生,通过家校联系、作业评语、谈心交心等来沟通师生感情,融洽师生关系。课堂上,要尊重每一位学生,给学生相同的关注,不能让某些学生产生"我被冷落""老师不喜欢我"的感觉。

尊重学生独特的个性,关注学生智力水平的差异。特别是对于特殊学生,教师更应该尊重他们的个体差异,从理性的态度来对待后进生,用事实来教育学生。给成功的学生以尊重,是对学生的赞美、支持;给失败的学生以尊重,是对学生的安慰、鼓励。

尊重学生,必须以爱为基石,因为只有心中有了真爱,才能真正走进学生的内心,寻找到切实有效的沟通方式,以不同的策略逐步纠正其不良的行为习惯。教育家魏书生曾说:"教师应具备进入学生心灵世界的本领。育人先要育心,只有走进孩子心灵世界的教育,才能引发孩子心灵深处的共鸣。"当孩子委屈哭泣时,必然有他的原因,教师要善于捕捉细微处,洞察孩子内心的想法。当孩子感受老师的尊重与关爱时,那也将是孩子主动拉近彼此心的距离的开始。尊重学生、民主相处,使学生在健康发展中发挥他们的潜能,使他们在学习中体验到幸福与快乐,共同建立起亦师亦友的和谐师生关系。

教育是神奇的、尊重的、互动的,许多不争的事实告诉我们:一次偶然的教育机会可以改变一个学生的学习态度乃至一生,更能促进教师的教育教学方法的改进和处事能力的提高。教师要以尊重的态度去赢得学生的尊敬。作为教师,我们更有责任去发现班上每一位学生的闪光点,保护学生的自尊,维护学生的各种权利。特别是学生遇到困难或犯错误时,更应该善于倾听学生的心声,真诚、平等地对待每一位学生。

学会赏识学生

赏识既是一种理解，更是一种激励。赏识教育是在承认差异、尊重差异的基础上产生的一种良好的教育方法，是帮助学生获得自我价值感、发展自尊、自信的动力基础，是让孩子积极向上、走向成功的有效途径。新教师要学会赏识学生，不仅要欣赏每个学生的个性、兴趣、爱好，还要欣赏每个学生在情感、态度、价值观等方面的积极表现，更要欣赏每个学生所取得的进步。学会赏识学生，学会在教育中赏识学生，在赏识中教育学生，这既能让学生体验到学习成功的喜悦，又能让教师自己感受到教育成功所带来的职业幸福感。

一、赏识源于一双善于发现的"眼睛"

"人性最深刻的原则就是希望得到别人的赏识。"成年人尚且希望别人赏识自己、赞美自己，更何况孩子呢？每个孩子心中都有一个美好的愿望：做一个好孩子，希望得到教师的认可和赏识。罗丹曾经说过："生活中不是缺少美，而是缺少发现美的眼睛。"每一位教师都需要拥有一双这样的眼睛，善于发现学生身上的美好品质，看到学生的点滴进步，看到他们为每一件事所付出的努力。当你发现了他们的美好，你会情不自禁地想要赞美他们，让他们看到自己身上的优点与特长，并且让更多的人看到你所看到的一切。

（一）以赏识之目视之

赏识，首先是"识"，也就是真正认识学生。只有先认识学生，教师才能由衷地去相信、理解、宽容与欣赏他们。赏识教育是爱的教育，其外在表现为，使学生对人、对事有积极的态度，注重自我成长，塑造健全的人格。赏识教育是一种教育智慧，它能激发学生的自信，使其从容面对困难；能激发学生的潜能，使其塑造健康的人格；能强化学生的行为习惯，使其形成良好的品质。一个赏识赞美的眼神、一句适时的赏识话语、一种赏识的行为等，都能成为学生期盼已久的希望。

作为新教师，要学会赏识学生。学会赏识学生，说难也难，说容易也容易。因为赏识不仅仅是表扬和鼓励，而是一种由内而外的爱，它不随学生的学习结果而波动。赏识教育是学生遭遇困难时的一种鼓励，是学生犯错时的一种合理宽容。教师要因人、因事、因时地给予恰当的赏识，用赏识的心态去对待每一位学生，帮助学生树立正确的世界观、人生观和价值观。值得注意的是，赏识教育永远不是学生学习的结果，而是他们成长的结果。

（二）善于发现学生的闪光点，激励学生不断进步

赏识教育是一种充满智慧的教育。作为新教师，要睁大眼睛寻找学生的闪光点。比如，用两只眼睛去看学生：睁大一只眼睛去发现他们的长处，眯起另一只眼睛去看他们的不足。对学生来说，越批评缺点越多，越表扬优点越多。会欣赏学生的教师最幸福，被教师欣赏的学生最快乐。教育的最终目标是让每一位学生都成为成功的人，都领悟到人生的真正意义。

【案例】

贴心的小帮手

有一次，王老师正在给班里的垃圾桶换垃圾袋。王老师一边换一边忍不住嘀咕："每次垃圾袋还没套好，你们就把垃圾往里面扔，弄得地上到处都是。"这句话被坐在第一排的小彬听到了。他连忙跑到王老师面前说："我会换垃圾袋，在家里一直都是我换的。"王老师看着他跃跃欲试的样子，问道："你想帮老师换垃圾袋吗？"他点了点头，大声地说："我想，我愿意！"

小彬天资不高，课堂上很少举手回答问题，有时请他回答问题，他也支支吾吾答不上来。下课后，小彬又很少和小朋友出去玩，总是一个人默默地做自己的事情，习惯沉浸在自己的"小天地里"。在王老师的印象中，这个小男孩一直是安静的、内向的，所以看着他此时一脸期待、大声回答的样子，王老师温柔地笑了，摸了摸他的头说："你真是个懂事的好孩子，那就请你以后帮老师、帮班级换垃圾

袋吧！我相信你可以做得很好。"小彬的脸突然变得红红的，看着王老师发誓说道："我会做好的！"

在以后的日子里，小彬不仅每天会换好垃圾袋，倒掉垃圾，还会主动要求做值日，帮忙擦桌子，整理图书角的书本……最让人惊喜的是，小彬变得比以前开朗了，能说爱笑了。学期结束时，小彬被同学们一致推选为"最美值日生"。

王老师以商量的语气、关怀的表情与动作，无形之间给予小彬更多的信任、支持与赏识，在一问一答中拉近了与他之间的距离，适时表扬他是个懂事的孩子，相信他可以做得很好。整个过程，老师给学生的感觉是温暖的、满含爱意与期许的。而正是这一契机，让小彬找到了自己擅长的事情，人也逐渐变得开朗爱笑了。

二、赏识显于一张会赞美的巧"嘴"

教学语言是一门艺术，是师生双方传递信息和交流思想感情的工具。亲切、鼓励、感人的话语最能使学生保持积极舒畅的学习心境，最能唤起学生学习的热情，从而产生不可低估的力量。"人们往往因为一句鼓励的话而精神振奋，成就大业。"教育学、心理学以及赏识教育、成功教育的研究成果无不告诉我们：赏识与激励既能使人由笨拙走向灵巧，由自卑走向自信，也能使人的心灵由灰暗走向光明。

（一）以赏识之言导之

赏识教育是一种潜移默化的无痕教育，教师通过眼神、语言、动作等，不断培养学生的自尊心和自信心，让学生懂得自我赏识与自发学习。如果新教师能把赏识性语言渗透教育教学活动中，就能激发学生的学习动机与学习热情，唤醒学生的学习潜能。

记得有个心理学家讲述了他童年的故事：上小学时，他就遇到了这样的老师。语文老师把他当成得意门生，有机会就让他回答问题，并一再夸他学习好；数学老师却总是看他不顺眼，就是答对问题也不大表扬，反而对他学习上的失误一再冷嘲热讽。两位教师的不同态度令他的自尊每天沉浮不定。赏识使他的语文学习进入良性循环，语文成绩名列前茅；而偏见使他的数学学习进入恶性循环,对数学的兴趣锐减。其实,渴望得到老师的赏识是每一位学生的本性和心愿,因为赏识能使人愉悦,使人自信,使人快乐,赏识能开发人的潜能,使人心智开启,所以学生对老师的赏识充满了无限的期待。

有教育研究者曾做过一个调查:学生最爱上什么课?学生们的回答是:最爱上信息技术课。什么原因呢?学生们说:"信息老师不会批评我们,只会鼓励我们再试试,老师认为我们都能行!"信息老师在上第一节课时,就这样对学生说:"在老师的眼里,你们没有聪明、不聪明之分,没有好、差之分,只有有自信与没自信之分。那么,从现在开始,请找回你的自信,老师相信你们都是最棒的!"短短的几句话,叩开了学生封闭的心扉。学生由于老师的赏识而增添了对学习的欲望与兴趣。比如,有个姓王的学生,上其他学科的课都无精打采,唯有上信息技术课信心百倍。他说:"信息课上能让我找回我自己。"一句赏识、鼓励的话语,激起了学生的学习兴趣,强化了学生的学习行为,收到了良好的教学效果。可见,多用一些赏识性语言是一种策略、一种艺术,可以奏响师生间最和谐的音符。

(二) 善用赏识性语言,挖掘学生的潜能

赏识教育要求教师在教育过程中,坚持以学生为中心,以发展的眼光看待每一位学生。通过恰如其分的神态和动作,以及富有感染力的语言,适时、适度地夸大学生的优点和长处,进而调动学生学习的积极性与主动性。新教师要善用赏识性语言因材施教,启迪学生的思维,陶冶学生的情操,提升学生的学习兴趣,助推学生走上成长成功之路。

【案例】

让学生在赏识的课堂中成长

小学自然四年级上册《地球的内部》这一课的重点是初步知道地球内部分为地壳、地幔、地核三部分。丁老师想通过小组活动来了解学生对本节课知识的理解与运用。

在小组活动过程中,有一个小组邀请丁老师来看看小组合作捏的模型。丁老师发现这个小组用三种颜色的橡皮泥捏出了一个地球的剖面模型,由内而外分别是红色、黄色、白色。丁老师提问:"为什么你们要用三种颜色捏这个地球?"小沈同学立马回答:"因为地球内部每层的温度不同,地幔最热所以用红色来捏,地壳最不热所以用白色来捏。"丁老师对她的回答非常满意,于是表扬了这一小组:"你们用三种颜色代表了地球结构层不同的温度,非常不错。小沈同学非常清晰地向老师介绍了你们这样捏的原因,进步非常大。"这组学生听了丁老师的评价都开心地笑了。同时,丁老师也发现了一个问题,这三层橡皮泥厚度差不多,不能体现地球内部结构厚度不同这一特点,于是假装有问题不理解问道:"老师发现,这三层橡皮泥代表了地壳、地幔、地核,我看你们用了似乎相同的厚度,是不是这三层一样厚呢?"立马有学生答道:"不一样,地壳最薄,地核最厚。""没错,这是我们刚才通过阅读资料知道的知识。那应该怎么捏呢?"他们思考了一会儿。小沈告诉丁老师:"我们把黄色层捏得薄一点,白色层捏得最薄。""好主意,老师期待你们的成果哟!"活动结束,该组派代表小沈向大家展示并介绍了他们的作品,这一组的作品获得了大家的一致好评。

每个学生都有被人赏识的渴望,都希望得到教师的赞赏。当教师把信任、赏识、激励毫不吝啬地给学生时,学生的内在潜能被激发出来,从而获得意想不到的成功。对于一个个不断成长的学生,教师能给他们最好的礼物就是多给他们一些欣赏和期待的时机,多给他们一些赞美和鼓励的话语。让学生在课堂上获得赏识,是激发学生学习兴趣的最好方法,是促使学生形成自信和培养学科核心素养的有效途径。

三、赏识基于一颗敢于包容的"心"

"世上没有两片完全相同的树叶。"赏识教育要因人而异,不同的学生因年龄、性别、性格、爱好的不同,他们所接受赏识的方式也不尽相同。对低年级的学生来说,可能更需要热烈的奖赏之词;而对自信、含蓄的学生来说,可能只要一个特定的手势、一个真诚的微笑、一个鼓励的眼神就可以尽传含义;而对内向又自卑的学生来说,更需要教师发自内心地关注与爱护。

(一)以赏识之心待之

有位新教师在教学生写字时,发现有的学生一节课可以学会 10 个字,有的学生只能学会2个。他跟师傅讨教方法,师傅告诉他:"只要那个孩子也真的在学,用心在写,作为老师就不要批评和责怪他,可以表扬他:你可以再快一些的,老师相信你。"第二天,或许他可以一节课学会写3个字了。虽然和一节课可以学会10个字的学生相比,他还是差得很远,但是比昨天有进步,就应该表扬他,使他得到进一步努力的动力,从而不断提高。教师要包容每一位学生,不要随意批评学生,更不要吝惜表扬,要善于运用赏识教育去激励学生。美国电影《师生情》里有这样一个片段:一位白人教师到黑人社区任教小学一年级,在第一节数学课中,这位白人教师伸出5个手指问其中一名黑人孩子:"这是几个手指?"这个孩子憋了半天才答道:"3个。"这位教师没有指责他说错了,而是高兴地大声赞扬道:"你真厉害,还差2个你就数对了。来,跟着老师再数一遍。"这种发自内心的赏识,带给学生的是一种向上的自信与动力,其奥妙在于让学生看到自己的能力与进步。

【案例】

追风的少年

开学初,轩轩妈妈就给班主任张老师打了个电话。在电话中,她告诉张老师,轩轩是个特殊的孩子,他小时候挑食,体内缺了几种元素,患有多动症。果不其然,一开学,轩轩就成了班中男孩子的"头",一下课就出去外面疯跑,不是跟张三有碰撞,就是跟李四有矛盾。张老师私下里多次对他进行批评教育,虽然他每次都答应得好好的,但就是做不到。

恰逢学校将召开秋运会,选拔运动员时,轩轩也报了名。张老师把轩轩叫到了办公室,轩轩闷闷不乐地说:"张老师,我下课后总是乱跑惹你生气,你不会选我当运动员吗?"张老师连忙说道:"不不不,我特别想让你当运动员,我觉得你跑得很快,肯定能在赛场上展示你应有的风采!""真的吗?"轩轩不确定地问。"真的!"张老师拍了拍轩轩的肩,肯定地说。"但是你也要知道,做了运动员就得好好保护自己了,我们教室外面铺的是地砖,你下课经常在外面跑,万一摔了一跤,受了伤,就不能参加比赛了,那多可惜啊!而且运动员是不会挑食的,如果身体内的营养跟不上,就跑不快了。"轩轩听了后,小声地问:"那我尽量不乱跑,也多吃东西,就可以做运动员了吧?""当然,你以后就是我们班的追风少年了,到时候,我们全班给你加油!"张老师笑眯眯地说。轩轩忍不住雀跃起来……

张老师是一名有智慧、有爱心的老师,他无时无刻不在为这个顽皮的孩子着想。作为教师,当学生调皮捣蛋时,就要关注他、教育他;当学生想要尝试新事物时,就要肯定他,支持他迈出第一步。张老师的一句赏识、鼓励的话语,激起了轩轩的学习兴趣,强化了轩轩的学习行为,收到了良好的教学效果。

(二) 赏识教育要因人而异

赏识一个孩子容易,赏识一个"特殊孩子"却不容易。无论多调皮好动的孩子,都有敏感的一面,因为常常被否定,所以已经忘了被别人肯定的滋味。张老师是一位有智慧、有爱心的老师,无时无刻不在为这个顽皮的孩子着想。张老师善于发现轩轩身上的闪光点,善于把批评变成表扬,把斥责化为鼓励,在他存在的问题中找到可以肯定的因素,鼓足他改掉不良习惯的勇气,用适度的赏识激起他学习的斗志,使他得到鼓舞,扬起信心的风帆。任何一种教育手段都不是万能的,没有批评的过度赏识也是虚伪的、片面的、不负责任的。赏识应该以实事求是、是非分明为原则,因人、因事、因时给予恰如其分的赏识,这就需要教师去不断探索研究赏识这门教育艺术,使赏识教育真正对学生起到最大的作用。

不忘初心,方得始终。新教师要学会读懂学生、关爱学生、尊重学生、赏识学生,真心地善待每一个学生,相信真心的付出必将换回真情的回报,这样的你一定会被学生们所尊敬、所喜欢,并深深地将你记住。同时,深受学生喜欢的你,在繁杂或看似周而复始的工作中,也会欣慰地获得为人师的幸福与欢乐,获得教师职业的自豪感和幸福感。

修炼六

做一名幸福的教师

◉ 教育是心灵的事业，是教师用生命感动生命，用心灵温暖心灵，教师应当是一个幸福的职业。教师的幸福是指教师在教育教学工作中，基于对幸福的正确认识，通过自身不懈地努力，自由实现自己的职业理想，实现自身和谐发展而产生的一种自我满足、自我愉悦的主体生存状态。实践告诉我们，一名没有职业幸福感的教师，不仅不利于其自身的身心健康，还不可能培养出心态阳光的学生。因此，作为新教师，对职业的幸福感悟与掌握教育教学的知识和技能同等重要。

追求幸福的教育

幸福是什么？幸福在哪里？是财富、地位？是健康或者事业的成功？不同的群体对幸福的认知会有多大的差异？犹如"一千个读者就有一千个哈姆雷特"一样，由于生活经历和观念的不同，每个人对"幸福"的理解都会不同。目前，很多西方国家纷纷研究并计划设立衡量人们幸福感的指标，使它与GDP（国内生产总值）一样成为衡量一个国家发展水平的标准。

教师是一种知识转化与智慧增值的职业，是一种心灵浸润与人性化的职业。只有幸福的教师才能培养出幸福的学生，对教师而言，幸福更具有特殊的意义。教师的幸福是教师在教育场景中自身需要得到满足后的一种感受，是教师在自己的教育工作中自由实现职业理想的一种教育主体生存状态。

教育的人文价值目标是幸福教育，而教育的幸福源于教师与学生生命的对话，因而教师的幸福是幸福教育实现的关键。有了幸福的教师，才会有幸福的学生。对于教师职业，人们有太多的美誉："人类灵魂的工程师""燃烧自己，照亮他人的蜡炬"。而真正走进教师这个职业，人们对教师职业的评价却是"如人饮水，冷暖自知"，这个职业也有太多清苦与劳累。其实，所谓职业或行业幸福指数的高低也是人们的一种主观判断。

一、幸福的课堂需要幸福的教师

学生学习成绩好坏，和他们的自信心、学习动机和对学校的归属感有关。因此，落实幸福课堂的关键在于教师。

陶行知先生有句名言：你的教鞭下有瓦特，你的冷眼里有牛顿，你的讥笑中有爱迪生。你别忙着把他们赶跑。你可不要等到坐火车、点电灯、学微积分时，才认识他们是你当年的小学生。用今天幸福的标准来看，那肯定不是幸福的课堂,而是灰色的课堂,因为师生关系是紧张的,教师的心态是不健康的,如教鞭、冷眼、讥笑。

社会在发展,陶行知的时代虽然离我们已有一定的距离。但毋庸置疑,我们都不敢保证教鞭、冷眼、讥笑这样的现象不在今天的课堂上发生。所以,我们需要倡导幸福的课堂,更需要培育积极健康、具有职业幸福感的教师。

（一）幸福课堂是一种理念

幸福课堂是一种追求,是一种意识,是一种存在,是一种渴望,是一种信念。教育中的每一个人,无论是管理者还是教育者抑或是被教育者,都应转变观念,充分珍惜、享受课堂。有了这种信念,就有了行动的勇气,就有了在现实中实践教育规律的魄力,进而享受教育的幸福。教师是幸福课堂的发动机,只有教师转变观念,具备较高的驾驭课堂的素养和教学技能,才能使课堂变得丰富多彩、充满生机活力,才能让学生感受到学习的快乐。

（二）创造幸福课堂的关键是教师

只有幸福的教师才能创造出幸福课堂,才能培养出幸福的学生。学生成绩的好坏与他们的自信心、学习动机和对学校的归属感有关。一所好学校的标准不是它的硬件设施,而是一批散发出幸福魅力的教师。只要教师的言行、底蕴、心灵、纯洁、公正、热情等,都变成幸福的空气弥漫在校园,学生就会时刻感受到温暖和幸福。"没有幸福的教师,就没有幸福的学生",只有学生幸福了,教师才能幸福。因此,教师要创造更多的幸福课堂,让学生享受幸福。

【案例】

播种美好　收获幸福

站上三尺讲台,新教师肩负着"传道、授业、解惑"的重任,面对着教育、教学量大而琐碎的双重任务,同时又承担着家长的殷殷期盼和社会的高标准高要求。他们初入职场的新鲜感已被消耗殆尽,随之而来的是焦虑、烦躁、抑郁等情绪,承受着巨大的心理压力。如何在琐碎的工作中寻找教师职业的幸福感,是新教师不得不跨越的一道坎。经历了短暂的迷茫、困惑后,我也寻找到职业幸福感的来源，那就是学生的成长。

回想自己曾经所带班级中的那些小淘气们，初时相见，便发觉班中部分男生和女生虽然基础还行，可在课堂上异常好动，上课坐不住，缺乏良好的学习习惯，可谓人在心不在，教育管理对刚入职不久的我来说较为艰辛。俗话说得好，没有规矩，不成方圆。我的教师责任感和其他老教师的经验，督促着自己要做一名不苟言笑的严师，好好整顿班级纪律，让学生望而生畏。于是，我大刀阔斧，每天严厉训斥，力求让每个顽皮的孩子都尽快改正，在课堂里能安心听课，每天及时上交作业。然而，预期的效果并没有如约而至，几个异常调皮的孩子上课还是手脚不停，作业拖欠情况依旧存在。为此，自己曾一度怨天尤人，抱怨自己的运气差，每天都在忙忙碌碌却看不到一点儿成效，职业倦怠感与日俱增。班主任导师发现了我的丧气，鼓励我去学习那些用生命绽放教育魅力的前辈们。的确，教师是一个神圣的称谓，赋予了每一位教育工作者更多的责任，无论学生是怎样的，都不能轻言放弃。

这时，我开始反省自己的做法是否出了问题。要学生爱学乐学，而自己实施的"高压政策"到底是让学生乐学还是导致他们厌学呢？是否真正应该营造的是一个吸引学生的课堂，让他们自主地从"要我学"转变为"我要学"更为重要呢？痛定思痛，我知道唯有提高课堂效率，改进教学方式，结合班中学生的实际情况，因材施教才是正道。

于是，我开始对教学内容精雕细磨，同时结合本班学生的特点，选择和设计适合他们的学习方法，从而有效提高课堂效率。例如：鼓励学生争做小老师，发挥创造力和想象力，并带领同伴合作学习，提高兴趣；针对他们朗读不积极、不主动的情况，我开动脑筋让他们课后朗读，并精心录音。

教师就是要善于寻找教育契机，巧妙地引导学生，做到润物细无声。这样的心灵开启远比命令式的督促、呆板的教育来得科学巧妙，也才能真正贴近学生心灵，让他们终身受益。在这一过程中，教师的幸福感也会油然而生。

二、幸福的教师充满职业的快乐

幸福的教师是积极的、阳光的、友善的、健康的、自信的、公正的、宽容的、有才的……但他们首先是充盈着职业的幸福，发自内心地感受着职业的幸福，体验着职业的快乐,并把这种幸福和快乐传递给学生,课堂中充溢着和谐与温馨。

(一) 幸福是学生的健康成长

教师脸上的微笑有多少,学生心中的阳光就有多少。教师在教育教学活动中能始终保持乐观、积极、向上的心态,每天不断学习、不断进步和不断创造,这种对教学投入的积极情感可以促使学生保持愉快的学习心境,促进师生之间的沟通,从而取得良好的教学效果。

反之,如果教师只把教育工作当作一种谋生手段,没有真正从内心体悟这份职业的价值,感受职业所带来的幸福体验,而是思想狭隘,斤斤计较,遇困难就退缩,见荣誉就争,容易烦躁、情绪不稳定等,忽视学生的个别差异,使用过激的语言,对成绩差的学生冷淡,处理事情不公平,这必然会影响学生的学习兴趣,也必然会影响学生的学习效果。

教师的职业幸福感应该来自学生的成长。学生任何一方面的进步,都应该是教师幸福的来源。严格要求,宽容对待,注重品修炼,加强能力的培养,用心对待每一位学生,用真诚、无私的爱影响着每一位学生,让学生在爱的教育下健康成长,这就是教师最大的幸福。

(二) 幸福是善于发现教育的乐趣

教师发现了教育的乐趣,才会爱教师这一职业,才会用心去爱学生。只要教师能精心照料、哺育学生,帮助他们找回自信,帮助他们挖掘身上的潜力,就会发现他们的能量是巨大的。只要教师能发现并挖掘教育职业中弥漫着的那种美,就会发现每一位学生都是一朵含苞待放的美丽花朵。所以,教师应该努力挖掘教师职业的内在美,坚信自己所从事的是影响人的一生、值得为之奋斗终生的事业,这样才会爱它,才会全身心地投入。

【案例】

幸福的教师培养幸福的学生

对教师而言,幸福更具有特殊的意义。那么,教师最大的幸福是什么?就是看到自己的学生成人、成事,就是得到所教的学生和社会真心真意地尊敬、爱戴。

教师怎么才能提升自身的幸福感呢?

首先,要善待自己,学会在现实生活中感受幸福。教师要善于制定切实可行的奋斗目标,比如,通过自己的努力,力争把学生成绩提高几分,力争使学生素质得到提升。只有制定这些切实可行的目标,而且实现了,教师才会在不断经历和实现这些目标的过程中,体验到成功的快乐,感受到教育带来的幸福。

教师本身就是太阳底下最崇高的职业,我们要学会用崇高来感动自己,树立崇高的人生观,为教师的职业幸福插上翅膀。教师本来就是讲究激情的职业,我们要让激情点燃自己的人生,点燃人生的意义、追求和目标。

其次,要走近学生,与学生一起成长。对一名常年任教初三的化学教师而言,和学生相处的时间真的不长,只有短短不到一年的时间。我在这一年里与学生共同成长,看到他们取得学业上的成就时,看到他们和自己相处得愈发融洽时,就会感叹一年时光太短了。虽然毕业班的压力经常会让自己感觉非常疲惫,但是看到自己往届的学生们回来看望自己时,又会感觉自己那一年辛苦的付出是值得的。

对教师而言,幸福的感觉源于学生的成长。只有将学生的成功视为自己的成功,将学生的快乐视为自己的快乐,将学生的错误视为成长不可避免的代价,发现每个学生的长处,发掘每个学生的优点,教师就能从学生那里获得一份成就感,收获一份感动,珍藏一份纯真。教师一辈子要与学生打交道,如果从骨子里憎恨学生调皮,埋怨学生愚蠢,讨厌学生犯错,那么幸福就成了一件难于上青天的事情。从某种程度上讲,这简直是一种煎熬,也将是一种摧残。

每个人都渴望幸福,教师也不例外。但是,由于社会的发展和教师各方面压力的增大,教师无论是从主观方面还是客观方面都容易出现不幸福的感觉。因此,教师要学会调整自己的情绪,用一种积极乐观的生活态度去面对生活,用心营造幸福的教学过程,肯定自己的进步,从而拥有更幸福的人生。

了解职业的现状

教师被誉为"人类灵魂的工程师",亦被称赞为"太阳底下最光辉的职业",这无疑是一份光荣又神圣的职业。然而,随着社会经济发展,人们对教师赋予的期望值越来越高,教师不仅需要应对来自工作中方方面面、应接不暇的难题,还需要时刻关注学生的发展需求,甚至需要构建家校联系的纽带……这一桩桩一件件事情,都离不开教师的亲力亲为,无不让教师感到压力倍增,从而导致教师职业幸福感下降,影响教师身心健康,进而影响教学效果。

作为新教师,在刚入职时就要正确审视教师的职业现状,才能做好充分的心理准备,为今后的工作奠定良好的基础。因此,让教师充分体验职业幸福,减轻职业压力,做一名引领学生成长成才的教师,其重要性不容忽视。

一、教师职业有压力

(一) 普遍感到压力较大

都说当教师累,这个"累"除了工作繁忙外,还表现为心理压力大。领导的评价、同事的议论、家长的意见、学生的成绩等,都会成为教师的负担。

从上海市中小学教师幸福感状况调查结果可知,中小学教师给自己的幸福感平均打了 73.60 分。其中,小学教师给自己的幸福感平均打了 76.69 分,初中教师打了 71.59 分,高中教师打了 68.20 分。小学教师的幸福感高于初中教师和高中教师。在受调查的教师中,有 86.6% 的教师觉得工作压力大。其中 26.2% 的教师感觉压力非常大,60.4% 的教师觉得压力比较大,仅有 5.8% 的教师觉得目前工作压力不大。可见,广大教师普遍有较大压力。

(二) 压力来源较广泛

调查显示:中小学教师认为最大的工作压力来自学生平时的学业成绩,教育科研、班级管理排在第二和第三。排在后面的依次为上展示性公开课,作业的布置和批改,日常课堂教学,课外个别辅导,备课,职称评聘,家长沟通,辅导学生参加各类展示、竞赛、评比,等等。

近半数中小学教师最不满意的是考核和评比繁多。其他的依次为收入太低、工作量大、缺乏成就感、工作时间长、学生安全压力大、职称评定压力大、社会对师德要求过高、工作难度大、不能得到领导的理解和支持等。

二、教师队伍整体较稳定

(一) 对家庭生活的满意度较高

中小学教师队伍整体比较稳定,一成多的教师"想换一所学校工作""想尝试其他行业工作",而超过三成的教师担心岗位竞争。多数教师认为,自己在学校中的角色职责非常清楚,教研组对自己的专业成长有帮助,但也存在不得不教自己没有受过训练的课程的状况。八成以上教师认为,学生能理解自己所教授的内容,并能取得很大的长进。

教师最满意自己的家庭生活,紧随其后的依次为工作、价值体现、社会地位、今后的生活和工作、健康状况、物质生活水平。近九成的中小学教师对家庭生活的满意度较高,但对健康、物质生活水平的满意度相对较低。其中,高中教师对自己在社会中的地位、工作、自我价值的体现等的满意度均低于初中教师和小学教师。

(二) 能积极提升自身素养

教师能注重自身专业成长,努力加强师德修养,不断提高自身素质。自我素养的提升,能增强教师的幸福感,让教师从教育教学中体验到快乐,更积极主动地投身教育教学,真正担负起教书育人的神圣使命。

教师自身综合素养的好坏会影响教育教学的效果。对于个人能力的培养和提升,中小学教师认为,排在首位的是教学法,第二是外语能力,第三是信息技术能力,第四是人文素养,第五是科学素养,第六是本体知识,第七是学历。61.8%的中小学教师认为,自己能积极面对教学改革;33.6%的中小学教师认为,未来有发展前途是影响教师幸福感的重要因素。

找寻幸福的密码

对教师来说,是否能时时处处感受到幸福是很重要的,因为这不仅仅影响着自己的人生是否快乐,更影响着学生的健康成长。教师要想真正获得幸福感,最重要的一条是自己调整好心态,经常换位思考,从积极、乐观的角度看待每一件事情,时刻用欣赏的眼光看待周围的一切,时刻发现生活中的美。学生犯错时,要以委婉的方式进行教育;面对家长时,要体恤家长的不易,设身处地思考问题、解决问题;面对不合理的规章制度时,要学会体谅领导的艰难,坦然接纳;与同事相处时,要和睦友好,宽容相待,虚心接受彼此的建议。

一、从学生身上获得幸福感

(一) 用欣赏的眼光看学生

经常会出现这样的问题:为什么面对同样的教育对象,有的教师能从学生身上获得幸福感,有的教师获得的却是苦恼?其主要原因在于,教师如何看待学生,如何与学生交往。如果教师把学生看作令自己心烦的人,那么就会感到心烦;如果把学生看作可爱的天使,那么就会变成快乐的天使。其实,方法很简单:以欣赏、审美的眼光看学生,以平等、真诚的态度与学生交往。

(二) 用无私的心爱学生

教师的幸福感来自学生的成长和进步。教师可以从学生那里获得一种满足,收获一份感动,收藏一份纯真。这种体验,本身就是一种幸福,也是只有教师才会拥有的财富。当一个个学生在自己的引导与呵护下走出迷茫时,当看到学生在成长进步时,当自己的班集体获得荣誉时,当用心品味自己以辛勤劳动换来累累硕果时……这一切的一切都浓缩成两个字:幸福!

【案例】

教师的幸福源于学生

原先的我和大多数人一样,认为做老师有稳定的收入、固定的寒暑假和足够的休息时间。但进入真实的教学环境后,我才意识到一线教师的真实生活如此忙碌,不仅有时间上的争分夺秒,更有精神上的心力交瘁。比如,批改默写,看似是一项简单的工作,但是当这些乏味的东西周而复始地循环时,便会产生无尽的厌烦和抵触。特别是看到学生默写的情况不理想以后,更会产生挫败感。于是,我扪心自问,选择教师这份职业是正确的吗?教师的幸福感到底在哪里呢?

我又开始思考这样一个问题:既然作为一名初中语文教师,自身的工作状态注定是忙忙碌碌的,那么怎么样从繁忙的生活中获得幸福感呢?

作为一名新教师,想要走出这种茫然无助的状态,我认为首先要做的就是摆正心态。虽然每天的批改任务很繁重,但是当看到学生在自己的评价和指导中收获知识、有所进步,我们就会发现这种重复的工作中实际上有许多变化,这种变化就是学生的成长。

其次,幸福和快乐是教师和学生相互给予的,教师要想收获幸福,必须先学会播种关爱。作为一名新教师,我深知在未来的职业生涯中会遇到各种类型的学生,既有比较安分的孩子,也有比较叛逆的孩子,教师的烦恼是源源不断的。特别是做了班主任以后,肯定会遇到批评学生的情况,那时我们也一定不会快乐。批评教育是一门艺术,需要不断摸索和思考,不可能一蹴而就。但是我们能做的便是尽可能走进学生的情感世界,去感受他们的喜怒哀乐。教师的真诚,学生能够看得见、体会到,从而发挥出自己的潜能。当教师看到学生在自己的循循善诱下,在为人处世方面有所进步,会比看到他们在学业上的进步更加有满足感。所以,教师应该主动走近学生,关爱学生。师生之间浓厚的情谊是化解教师倦怠感的良药。学生能够看得见和体会到教师的真诚,从而向善而生;教师能够见证学生的成长进步,保持教育的激情,这两者一定是彼此相互促进的。

作为一名新教师,我不愿随着工作时间的增加而丢失了自己的教育初心,不愿被同化为应试教育下的老师,也不愿让学生失去了他们这个年纪本该有的活力,更不愿让自己失去了对幸福的感受力。希望自己在未来感到迷茫困惑、失去教育激情时,能够想起今日的初心,并有所调整。当教师主动地穿梭于学生之间,与他们进行心灵的对话,见证他们的改变与进步时,那么一定是幸福的教师。

作为职初教师,不要随着工作时间的增加而丢失了自己的教育初心,不要让学生失去了他们这个年纪本该有的活力,也不要被同化为应试教育的教师,更不要让自己失去了感受幸福的能力。当教师能主动穿梭于学生之间,与学生进行心灵的对话,见证学生的改变与进步,感受学生的成长与变化时,那么他一定是一名幸福的教师。

二、从家长身上获得幸福感

教师如何从家长身上获得幸福感?如果家长非常信任、肯定和尊重教师,那么教师肯定会觉得很幸福。

(一)尊重和理解家长

尊重家长是教师职业道德规范的重要内容之一。新时代,学校教育、家庭教育和社会教育三者相辅相成,缺一不可。教师作为学校教育的主要力量,要多站在家长的角度想问题,用心倾听家长的意见,理解家长提出的建议,促进家校互动,共同为孩子的成长创造良好的条件和氛围,助力孩子健康成长。

(二)真诚地与家长沟通

由于家长的职业不同、层次不同,教育孩子的观念也不同。交流和沟通的目的是消除家长和教师之间在思想、价值观、习惯等方面存在的分歧,建立起积极的关系。作为教师,只有带着敬业负责的真挚感情,真心、真诚地和家长沟通,才能拉近双方的距离,构建和谐共赢的家校关系。家长能真正理解并支持教师和学校的各项工作,教师的职业幸福感也会油然而生。

【案例】

幸福很简单

作为一名幼儿园教师,幸福有很多,但是没有当过幼儿教师是无法体会其中的辛苦的。幼儿园的工作是琐碎的、细致的,要面对一群孩子,每一个孩子的性格都不一样；除了孩子外，教师还要面对不同类型的家长。幸福来自孩子，幸福还来自家长。

工作了那么多年，接触了很多不同类型的家长，每一个家长和我们的目标都是一致的，要让孩子变得更好、更优秀，要让孩子每一天都开心快乐。从一开始工作时不知道该怎么和家长进行沟通交流到现在和家长交流起来从容自如，现在的我会站在家长的角度来思考问题，而不仅仅是从教师的角度作判断。只有对家长也怀着一颗平等、尊重的心，家长才会真正感受到老师在为自己的孩子付出。

当家长想要和我聊一聊孩子在幼儿园的情况时，我感受到了家长对我的信任。当我告诉家长一些关于孩子的近况，家长表示认同时，我觉得自己帮助到了家长，我会感到很开心。当家长遇到一些育儿的问题来询问我的想法时，我觉得自己被家长所需要。当家长告诉我孩子在家里会一直说老师教了什么东西时，我觉得他们认同了我的工作能力，肯定了我的工作，我会很开心。

幼儿园里也会有很多亲子活动和小任务，当其他班级的老师说，他们班都没有家长主动参加，而我们班的家长都积极参与时，我会感到自己很幸运。教师的工作得到了家长的认可和尊重，还得到了家长的支持、配合和理解，这就是教师的幸福所在。

幸福其实是一种心态，是一种感受。自己认为幸福的人，方能握住工作和生活中的点滴幸福。作为教师，要学会调整心态，乐观积极，感悟幸福。家长的信任、支持、理解、配合等，或许这些并不足为奇，但是都离不开教师平日里的勤奋努力。泰戈尔曾说："花的事业是甜蜜的，果的事业是珍贵的，但是，让我干叶的事业吧，因为叶总是谦逊地垂着绿荫。"教师要有这种从平凡中见伟大的绿叶精神，要甘于在平淡的工作生活中感悟独到的幸福。

幸福其实是一种心态，是一种感受。自己认为幸福的人，方能握住工作和生活中的点滴幸福。家长的信任、支持、理解、配合……或许这些不足为奇，但都离不开教师与家长的共同努力。

三、从同事身上获得幸福感

（一）赢得领导的赏识

领导的赏识和肯定是教师幸福感的另一个源泉。如何获得领导的赏识和肯定呢？关键在于以自己实际的工作成绩赢得领导的认可。教师是一个崇高的职业，并有其特殊的要求。因此，作为教师，知荣辱，优师德，只要自己用心去做，相信就一定能作出一番成绩，而领导也会看见你的进步和成长，会赏识你、肯定你，这样才能真正提高自身的职业幸福感。

(二) 与同事共成长

在教师的工作环境中，每天与他们朝夕相处的除了学生外，还有同事。教师生活的快乐与烦恼以及工作的舒心与不快，都与同事相关联。与同事和谐相处、共同成长，是教师获得幸福感的重要策略之一。与同事共同成长，就意味着要与同事一起探讨教育教学问题，研究教育教学方法，通过集体备课、钻研教材、解析课堂、开发课程、听课评课，来不断提高教育教学水平和业务能力；与同事共同成长，就意味着要与同事一起分享成功的喜悦，获得失败的启迪，感受挫折的焦虑，互相激励，互相关心，共同进步；与同事共同成长，就意味着要与同事共同营造良好的合作氛围，努力构建一个积极进取、奋发向上的教育工作团队，为教育事业的健康发展作出贡献。

【案例】

成长着　幸福着

至今，我还清晰地记得自己第一天上班前的那种初为人师的心情——期待又紧张。期待自己快点上班，却又担心自己毫无工作经验，孩子们会喜欢我吗？家长们会信任我吗？

入职的这所幼儿园有支强大的教师队伍，这让我知道一切担心都是多余的。对于我这粒刚入土的种子，园内并不急于让我破土，而是给予我吸收养料的空间——职初教师教研组，精心栽培我。在那里，我感受到温暖的阳光——和睦的工作团队；活泼的空气——一群和我一样年轻的新教师；营养的水分——丰富实用的培训内容，如园长妈妈也非常关心我们，暑假里给我们开展入园培训，还上门家访送来了精神食粮，给予我们鼓励与力量，这些都让还深埋在泥土里的我充满力量，蓄势待发。

虽然大学里学的就是学前教育专业，也有过多次见习或实习经历，但是真要作为班主任开始独立带班，我还是疑问重重。小班的宝宝具有怎样的年龄特点？各方面能力发展到哪一阶段？在这些问题上，我还是非常缺乏实战经验的。理论知识永远是基础，因此我翻阅了《3—6岁儿童学习与发展指南》《幼儿园教育指导纲要（试行）》等专业文本，了解了各年龄段幼儿的发展目标，也阅读了各类专业教材，对各个主题的核心经验有了一定的熟悉，做好了理论知识的储备工作，为日后的教学打下了坚实的基础。

所谓"师傅领进门，修行在个人"，我开始走上了解惑之路，在师傅带班时"偷偷学艺"，把她有效的教育方式内化为自己的财富。通过观察与记录，我发现了里面的玄机。当有孩子课上说话时，我会说："不要说话。"孩子们依旧叽叽喳喳，我的声音瞬间被淹没在这片汪洋里。而师傅会用眼神制止那几个说话声音特别大的孩子，然后说："让我听一听，我的好宝宝在哪里？"顿时变得特别安静。当孩子们吃饭时小脚都长长地伸在桌子外面时，我会说："小脚放在桌子底下。"孩子们依旧把小脚伸得长长的。而师傅会拍拍手，轻轻地说："小门小门关关紧。"孩子们的小脚都稳稳地放在了桌子底下。当孩子们午睡时总是动个不停，把小手小脚伸出被子外时，我会说："把小手小脚放到被子里去，不然会冷的。"只有个别孩子会行动。而师傅会神秘地说："现在我要和你们的小手小脚玩个捉迷藏的游戏，快快把它们藏到小被窝里去。"于是，所有的小手小脚都藏到了被子里。我瞬间就豁然开朗了，原来孩子们可不喜欢干巴巴地说教，他们喜欢会和他们做游戏、说好听好玩的话的老师。

于是，我也开始尝试改变自己，做一名好玩的教师。运动时，陪孩子一起疯、一起跳、一起游戏；午睡前，给孩子们讲睡前故事，带他们上台表演节目，和他们一起去探寻秋天的秘密……渐渐地，孩子们都开始喜欢我，开始信服我，喜欢和我一起游戏、一起学习，有困难会主动来寻求我的帮助，早上晚上都会和我打招呼。

可能这些在其他经验丰富的教师眼里并不算什么，但对我来说，这里的心情转变只有自己才能深刻体会。那时候，自己真的委屈过，也身心疲惫过，可是现在这些负面情绪已经烟消云散，取而代之的是满满的幸福感与成就感。

初为人师，充满忐忑，感触颇深。当你无法改变他人时，那么只能选择改变自己。换一种语调，换一句语言，加一个眼神，加一个拥抱，你就会发现，孩子们真的变乖了,你也变得更快乐了。新教师的光环终将慢慢摘下,也会慢慢褪去稚嫩与浮躁,日趋变得成熟而从容。

四、从自身的专业成长中获得幸福感

(一)专业成长是幸福的源泉

教师应体验职业成长的快乐,即在成长中体验幸福。教师的专业成长是教师生命成长的重要内容。就教师个人而言,职业幸福感源于自身的专业成长。这种专业的成长不仅是专业知识的成长,还包括专业精神、专业修养、专业技能等的提升。其中,专业精神引领其他方面。教书育人是教师专业的核心,要实现这个核心,则必须通过专业修养的修炼。一名具有专业发展的教师,肯定是一名拥有良好的知识结构,具有高超的教育能力,还注重研究和反思的老师。当一个具有专业化水平的人在从事这项事业时,他体验到的幸福感是惊人的。

(二)提升专业发展能力

教师是一个专业性很强的职业,只有具备渊博的专业知识和精湛的教学技术,在教学工作中做到驾轻就熟,从容攻克迎面而来的教学难题,及时为学生答疑解惑,做学生学习知识、成长成才的引路人,才能让教师受到学生发自内心的爱戴,从而体会到幸福。教师的专业成长是职业幸福感的一个因素,而职业幸福感是专业成长的一个动力,两者相辅相成,使教师在不断学习中成长。教师在上课时,要学会享受课堂,在课堂上放松自己,达到"课我合一"的境界,和学生心心相印,在交流互动中完成课堂教学。教师在放松融洽的课堂气氛里传授知识,学生在轻松愉悦的课堂氛围中接受知识,使教与学简单而纯粹。如此,教学过程便不再是紧张拘谨的,教师也更容易在职业中体会到幸福感。

【案例】

我在路上　静待花开

怀着对幼儿教师这个职业的憧憬,我加入了幼儿教师的行列。因为工作前一年我也在幼儿园实习过,所以我满以为自己能自如地应付工作上的事情,每天都能元气满满,做个既从容不迫又温柔的老师。然而,现实却很骨感。我总会因为某些细节而把自己弄得手足无措。不过,身边的前辈们总能及时地给我指点,让我在成长这条路上不断前进,找到了调节自己状态的方法,也慢慢地感受到作为一名教师的幸福感。

不管做什么事情,没有态度便不能做好。还记得见习期中有一次要去区里进行教师才艺技能的比赛,由于自己实在没什么艺术特长,也特别抗拒这件事情,然而消极并没有什么用,比赛的日子还是一天天地临近了。后来,有幸得到了老教师们的指导,我才克服了消极情绪,积极投入练习。尽管最后并没能取得很好的结果,但是却让我明白了消极的态度并不能解决眼前的困难,只有迎难而上才能让我走得更远。

还记得刚开始工作时,我并没有随时反思的意识,除了每日集体活动的反思外,感觉每天的工作都能将自己撑得满满的,下班回去后只想放空自己。渐渐地,我发现这样长此以往并不能学到任何东西,只是完成了任务而已。于是,我慢慢地学会每完成一个阶段就先在心里默默地反思:我刚刚这句话说的是不是合适,孩子是不是听懂并理解了……尤其在一年期考核活动准备的过程中,我学会了在过程中就开始反思。那次的考核是一节关于糖果的活动,糖果装在哪里成了一个大问题。每一次试教的过程中,遇到不合适的情况师傅总会直接提出来,这也让我懂得发现了问题要及时反思,必要的时候可以中断,因为有些问题会直接影响后续活动的走向。因此,及时反思在我的脑海里扎根,不管处于一日活动的哪个环节,都要进行反思。只有这样,才能让自己不断地向前走。每日反思看似是烦琐的工作,会让人产生懈怠感,但是反思过后的收获却能带来成就感,促进自己下一次的反思。因此,当我进入了"反思—收获—获得成就感"这一良性循环后,成长路上的懈怠感已不足为惧。

不管在哪个岗位,不管是何种职业,只要我们在成长的路上不断前进,势必会遇到不同的压力与挫折,但是这不是我们退缩的理由。我们只有不断前进,享受一路上的"风光",才能在行进的过程中静待花开,获得属于我们自己的幸福。

五、从积极的休闲生活中获得幸福感

（一）养成劳逸结合的习惯

拥有健康的身体是最重要的，只有身体健康，才能体会精神的幸福。虽然幸福感的获得离不开充实的教学工作，但只有充实而缺少闲暇娱乐又不能称其为幸福。肖川教授认为幸福就是充实而闲适。适度的闲暇娱乐可以使教师养成劳逸结合的行为习惯，在减轻工作压力的同时，还能以更饱满的精神状态全身心地投入工作，再从劳动成果中体验到自我满足感，提升自己的幸福感。

（二）学会适度的闲适

人们所渴望的幸福生活，既离不开劳动和创造，也离不开宁静和闲适。适度的压力才是幸福工作、幸福生活应有的样子。面对压力山大的工作，适度的闲适能缓解我们精神上的压力。比如，改变自己的一些工作方式，寻找一些工作情趣和精神寄托，制造一些快乐元素……在调整好心态的同时，充实精神生活，享受教育的幸福。

【案例】

学会调整，做幸福的教师

在日常教学中，每一名教师总会或多或少感受到工作压力。适当的压力能够促进教师工作的高效完成，而长期过多的压力则会导致工作效率低下且质量差。压力的调节对社会中的每一个人都极为重要，而对教师来说更为关键。因为情绪是会传染的，而教师面对的是一群活泼可爱的孩子，其影响可想而知。

当第一年踏入教师这个岗位时，我的内心充满了热情、好奇和忐忑。在一种"我想做而不知道怎么做"的状态下持续了很长时间，导致我的饮食出现问题，体重猛增，也就是我们经常说的"压力肥"。一年之后，我意识到这个问题，告诉自己：我不能再这样下去了。于是，我通过学习心理学相关知识，对自己进行了"诊断"和"治疗"。

首先，我开始改善自己的饮食习惯和尝试运动。由于下班路途遥远和堵车，我常常晚上7点才能到家,之后的一系列操作是:躺沙发、点外卖、等外卖、吃外卖。因为吃完容易犯困,所以我经常在沙发上休息到9点,再看看第二天的课,接着洗漱睡觉。日复一日,人变得越来越疲惫。后来,我督促自己工作日自己做2—3天的健康晚餐,且所有工作在学校完成,除非迫不得已,否则不带回家。适当休息后到外面走一圈,精力充沛的情况下就去健身房跑个步。因为研究表明,身体活动可以改善人的情绪状态,做一些剧烈的活动可以使积聚的压力得到发泄,从而改变消极的情绪状态。

其次,可以转移自己的注意力。当我意识到自己处于高压状态时,我会有意识地转移注意力,使它不至于爆发。比如:做点别的感兴趣的事情,让大脑先放松,从消极情绪中解脱出来;或者改变周围环境,如打扫卫生、收拾房间、欣赏自然。因为在高压下,越是钻在里面,越是出不来。

最后,可以寻求倾诉对象。当我们无法独自一人面对压力时,同伴的力量是非常强大的。有时候,我们去和信任的对象倾诉之后,可能会对事情有不一样的认识,但切记不可终日抱怨连天。

除了上述主动的方法外,还可以顺应情绪,在适当的场合哭泣。哭是一种有效解除紧张、烦恼和痛苦情绪的方法。不要不好意思,因为当情绪通过泪水发泄出来时,人会好受很多。

适度的压力能促进教师高效完成工作,而长期过大的压力则会导致工作效率低下,身心健康受到损害。压力的调节对于社会中的每一个人都极为重要,因为情绪是会传染的。当压力来临时,要学会调适,通过转移注意力或者合理地宣泄,来调控自己的情绪状态,避免"暴雷"。

调节工作的压力

虽然教师工作繁忙,压力很大,但通过自我调节,就能以积极的心态努力工作,享受自身快速成长所带来的幸福和快乐,与学生共同创造幸福,共同快乐成长。那么,教师该如何进行自我调节?

一、善于规划

(一) 主动提前谋划

在没有规划之前,人们面对庞大的任务会手足无措,倾向逃避。当人们学会作规划时,可以把庞大的任务分散到每一天的任务中。这时,大脑易于执行,每执行一部分,焦虑减少一分,自信增加一分。"一切尽在掌握",有选择地而不是被动地接受所面临的各种事情,这种感觉本身就能很好地缓解压力。人不需要时时刻刻都处于紧绷状态,因为娱乐不可怕,可怕的是没有规划、没有完成任务的娱乐。主动谋划事务,劳逸结合,劳逸有度,这才是理想的、可持续的生活状态。

(二) 分清轻重缓急

善于规划,首先要做到目标明确。对自己的未来也好,对自己的工作也好,要有着明确的目标性,要善于规划如何达到目标,执行起来也要非常果断有效。其次要条理清晰,分清轻重缓急。最好的办法就是根据事情的轻重缓急列出清单,既能有一个整体规划,又能将看似无绪的一堆问题分解成若干具体的小事情,完成一件就在清单上划去一件,这样获得的成就感足以鼓舞自己继续做下去。

二、换位思考

（一）懂得换位思考

学会换位思考是人生的必修课。换位思考是指多站在他人的角度考虑问题，学会体谅对方、理解他人。生活中很多的争执和困惑往往是因为大家都只站在自己的角度，从自己出发看问题。其实，很多事情只需换个角度、换个位置，便能豁然开朗。只想着自身利益、不懂得换位思考的人很难成事。懂得换位思考，站在他人的角度去处理问题，成功的概率就会大大提高。

（二）掌握换位的思维方式

人与人之间的相处也需要掌握换位的思维方式。它不仅能让自己开心，还会使工作压力减轻、生活矛盾减少、人际关系融洽、社会关系和谐。当你遇到不公平的生活事件、不协调的人际关系、不愉快的情感体验时，要能正确认知压力，灵活调整自己的心态，学会换位思考。因为你所遇到的问题、压力和挫折，别人同样也会遇到。理解不同，结果就不一样。学会换位思考，你的世界才会简单。人心简单了，离幸福就近了。

三、保持心态

（一）合理宣泄情绪

当前，随着人们的社会和家庭压力增大，心理问题逐渐突出。教师因为工作方式的相对独立性，容易造成人际交往范围狭小、人际协作有限和自我封闭。因此，当教师出现心理压力和紧张情绪时，就会常常感到孤独、无援、痛苦。当心理失衡时，可以给自己找个理由安慰自己，在适当的情况下想诉说便诉说，想休息便休息，想娱乐便娱乐，想运动便运动……实在不想做事时，可暂时放下。另外，还可以写日记，或建立自己的博客，记录下自己的感受。因此，合理宣泄情绪对维护身心健康非常重要。由于宣泄的过程也是进行自我调适的过程，它是一种释放、摆脱恶劣心境的必要手段。

（二）保持乐观心态

在合理宣泄的同时，还要保持良好的情绪、平衡的心态，这样能在一定程度上减缓由于职业压力所带来的对自己身心健康的消极影响。在工作中,应充分发挥自己的个性优势,在教育教学工作中扬长避短,勇敢地面对教育现实的挑战,采用灵活的教育策略。得意时要看淡,失意时要看开,若心态安好,则幸福长存。

四、合理期望

(一)建立合理的期望值

陶行知先生曾经明确指出:"我们对于儿童有两种极端心理,都对儿童有害。一是忽视;二是期望太切。忽视则任其像茅草般自生自灭,期望太切不免揠苗助长,反而促其夭折。"事实上,第二种极端心理"期望太切"对教师自身的成长来说,同样具有警示、启迪和引领作用。任何事和物都有个度,有个最佳值,过了最佳值,结果可能适得其反。"期望太切"就容易产生一些不切实际、难以实现的期望,难以收到理想的效果。一旦努力、奋斗、拼搏的结果与预期不大相符,就会产生很大的心理落差,失望也越大,有的甚至产生过激行为。合理期望是一种正确评估,在愿望和实际情况之间找到最佳的平衡点。

(二)注重努力的过程

作为教师,要对自己所从事的职业有清醒的认识,对待学历、职称、职务乃至人生,都应注重努力的过程而淡化结果。金无足赤,人无完人。教师必须正视并接受来自内部和外部、对自尊心有威胁的各种因素,如家长、学生对自己教学成果的评价,荣誉的得失,自身冲动行为所造成的后果,等等。要广义理解成功,坦然面对失败,抛却"期望太切"的包袱,轻装行进在不断成长的道路上。

五、修身养性

(一)懂得劳逸结合

人要懂得劳逸结合,如果一味地让自己处在繁忙的工作中,长期处于高压的状态下,这样并不利于工作的开展。让自己劳逸结合,在更多的时候有一种平和的心态,即使面对繁重的工作压力,也能在工作中脱颖而出。要懂得暂时放下手里的工作,让自己尽可能地放松,缓解了工作压力,身心宁静,才能更好地完成工作,享受生活。

（二）培养兴趣爱好

健康的业余爱好可以调节身心,缓解心理压力。室外活动是对付压力和焦虑的良药,比如:可以打球、爬山、郊游,在剧烈运动中释放不满、抑郁和愤怒;可以习书画画,在专心的描摹中放松心情;可以湖边垂钓,保持心灵的宁静;可以提上相机,拍下自然风光;可以读感兴趣的书,使人轻松愉快……从事喜欢的活动时,情绪得到了松弛,性情得到了陶冶,使人心胸开朗,增强了心理承受能力,释放了工作压力。

六、和睦相处

（一）遵循交往准则

良好的人际关系既是成功的重要条件,也是心理健康的重要标准。人与人之间的相处之道是一门学问,需要遵循一些人际交往的基本准则。学会真诚、尊重、平等、互助、冷静、包容地对待他人,定会让自己的人际关系更加和谐,对自己的发展也是极为有利的。我们要懂得:人与人之间的交往没有高低贵贱之分,这样才能深交;人与人之间的相处需要包容忍让,不应该太计较;人与人之间的交往需要帮助,在对方遇到困难时应该尽全力去帮助;人与人之间的相处需要诚实,这样才能建立信任;人与人之间的相处需要顾及对方的面子,不要伤害到对方的尊严;人与人之间的相处需要保持冷静,否则会影响自己的判断;等等。

（二）掌握职业特点

教师是一种帮助人的职业,要与各方面的人打交道,其中主要有学生、同事、领导及家长。比如:要树立正确的学生观,用平等的尊重和真诚的爱心去打开学生的心门,与学生进行有效沟通;要设身处地地关心同事及他人,尊重家长,主动与家长联系,取得家长的信任与支持。良好的人际关系就像多了一层保护网,在这张网下进行工作,会舒缓工作压力,令人心情愉悦,并取得事半功倍的效果。

【案例】

学会调节,释放压力

刚刚走上工作讲台半年多的M老师,面对家长的挑剔、领导的期望和学生的捣蛋时,心理压力很大,经常失眠、焦虑。经心理医生诊断,M老师患上了焦虑症。

半年前,M老师应聘到某重点中学做语文教师。一些家长认为她缺少工作经验,"震"不住淘气的学生,时而去校长那里询问她的情况。校领导也曾经以提高升学率、严抓教学质量为主题找她谈话。M老师说,其实她每堂课都很努力地做准备,每天工作时间都在12小时以上,甚至在梦里都在为第二天的课堂教学做准备,为此她患上了严重的神经衰弱,经常失眠。

在医生的指导下,M老师正视各方面的压力,学会自我调节、释放。比如,多跟老教师请教经验,多与学生家长沟通,主动听取家长的意见,并吸收合理建议,改进工作方法,增强自身业务水平,建立师生间的良性循环。最终,M老师逐渐走出了心理阴影。

作为一名新教师,在教育工作中的遇到压力是非常正常的,但是我们应该学会正视压力,学会自我调节,学会体验工作中的幸福感。无论是学生、自身,还是同事,相信我们只要找到感受幸福的途径,就能体验到作为教师的成就感。未来的教育路漫漫,可能会面临诸多的压力与挑战,但只要我们学会自我调节,缓解工作压力,定会幸福满满。

幸福是什么?我们永远没有一个标准的界定。幸福取决于自己的心态,要靠自己来调节、挖掘,要靠自己去体会。我们应该感谢教师这个神圣的职业赐予了我们悦纳自我、心存感激、追求卓越、追求幸福的机会。只有我们把平凡的工作当成一种幸福的体验,才能在工作中找到无穷无尽的幸福,做一名真正幸福的教师。

修炼七

做一名有职业规划的教师

◉ 职业规划是个人职业生涯成功的指南。一份切实可行的职业规划可以帮助新教师进行恰当的自我分析与职业定位，明确发展目标，激发自己采取各种积极有效的措施来挖掘自我潜能，激励自己不断朝人生目标努力奋斗。对一名年轻新教师来说，未来的教育工作可能充满挑战，要做好充分的思想准备。为了能让自己更好成长和更快发展，成为学生喜欢、家长认可、领导放心的教师，科学地制定一份自己的职业规划就显得至关重要。要分析自己的优势和特长，确立自己短期、中期、长期的奋斗目标；主动参与学习、培训和教研活动，明确执行规划的路径；遇到问题迎难而上，不断优化完成规划的策略；树立信心，审时度势，完善规划，向更高的目标攀登。

规划先行定目标

制定规划,确立目标。教师职业规划是教师专业化建设与发展道路的客观要求,是新教师成长和教育事业发展的内在动力。认真分析影响教师自主发展的因素,细化教师职业规划的目标内容,制定科学的教师职业规划,这些都至关重要。

一、职业生涯管理理论的发展

职业生涯管理理论源于20世纪初美国职业指导运动的兴起。从学科历史发展角度来看,职业生涯管理理论的演进经历了从静态研究到动态研究的历程。在我国,职业生涯管理理论也经历了不同的发展过程。

(一) 职业生涯管理理论的发端

1908年,"职业指导之父"——美国波士顿大学教授弗兰克·帕森斯创办了波士顿职业指导局,从事职业指导工作,这也成为人们公认的职业指导工作的发端。1909年,帕森斯撰写了《选择职业》一书。该书第一次运用了"职业指导"这一专门学术用语,构建了帮助青少年了解自己、了解职业和人职相配的职业指导模式,这标志着职业指导活动的历史性开端。帕森斯的这三个步骤包含了知己、知彼与决策三重含义,其理论成为之后的职业指导理论的基石。

1939年,美国学者威廉姆逊出版了《怎样咨询学生》一书,进一步拓展了帕森斯的特质因素理论。他将职业指导分为分析、整理、诊断、预测、咨询(处理)和追踪六个步骤,形成了一套独特的指导方法,被称为"明尼苏达辅导学派"。该理论在20世纪三四十年代占据了职业指导的主导地位。1942年,罗杰斯出版了《咨询和心理治疗》一书,提出应以当事人为中心,尊重人的自我选择能力及自由发展权力。同时，罗杰斯以"人性善"和"人的本质潜能的可信赖性"为依据，创立了"当事人中心"的非指导学派。

（二）动态的职业生涯管理理论

1951年，金斯伯格等人出版了《职业选择》一书，通过对不同家庭背景的大学生职业选择过程及其间所遇到的问题进行研究，提出了"职业发展是一个与人身心发展相一致的过程"，向动态的职业生涯管理理论迈出了一步。

1953年，舒伯提出了生涯发展理论，重在对个人的职业倾向和职业选择过程本身进行研究。他以差异心理学和现象学作为解释职业选择的理论基础，提出了个体生涯发展中成长、探索、建立、维持和衰退五个阶段，以及不同阶段的发展任务。这一思想把职业指导上升到更高层面，不仅以个人的发展为着眼点，同时也兼顾社会的需要和利益，从个体发展和整体生活的高度来考察个人与职业、个人与社会的关系。舒伯生涯发展理论的提出被认为是职业生涯管理理论形成的标志。

20世纪60年代至今，职业生涯管理理论继续得到了发展，具有代表性的理论为霍兰德的类型论与吉列特等人的生涯决定论。霍兰德把人和环境区分为实际型、研究型、艺术型、社会型、企业型和传统型六大类型，以此为依据，把人的特质和这种特质所适合的工作联系起来。吉列特等人的生涯决定论则以"个体职业生涯发展过程是不断面临生涯决定的过程"为逻辑起点，提出了职业生涯管理中的预测系统、价值系统和决策系统。这些理论在一定程度上标志着职业生涯管理理论又向前迈出了一大步。

（三）职业生涯管理理论的引进

对中国而言，职业生涯管理理论则是一种地道的"舶来品"。职业生涯管理理论在中国的发展经历了初步引进、停滞与恢复、发展的历程。

我国对职业生涯管理理论的引介始于民国时期。该理论的引入，与辛亥革命以后至20世纪30年代我国民族资本主义工商业的兴衰密切相关，也深刻反映了当时我国教育发展的内在逻辑。大量新式人才的紧缺和大批学校毕业生"毕业即失业"的现实，成为职业指导理论被引入中国的直接动因。

1916年，中华职业教育社主办的刊物《教育与职业》第15期专门刊出《职业指导》专号，进行宣传和推介。同年，清华大学校长周寄梅为了指导学生择业，发起了择业演讲活动，聘请名人、专家进校作职业问题的演讲，指导学生填写工作志愿，以预测就业趋势，并为确定职业指导学科提供依据。此次活动可谓开创了我国指导就业的先河。

（四）职业生涯管理理论在我国的发展

改革开放以后，社会主义市场经济体制的形成和发展，促使国家就业政策逐步向"自主择业"的方向转变。经过近 30 年的发展，职业生涯管理理论已经得到了长足的发展。

2004 年前后，上海市有一个关于"名校长成长的过程与规律研究"的教育科学研究项目。该课题以基础教育实践中涌现的一批名校长为研究对象，旨在通过调查名校长的成长之路，探寻名校长的素质特征和成功秘诀。研究结果表明，许多名校长的成功和成名虽然离不开组织的培养和教育，但更多的还是靠个人的努力工作和学习。名校长具备的素质如下：首先是自我发展意识；其次是专业发展能力、专业知识和专业道德。

名校长都是能进行自我专业发展的校长，那么能自主发展的普通老师、新教师又会成长为怎样的教师呢？2005 年，德育特级教师、享受政府特殊津贴的教育专家张万祥编著了《教师专业成长的途径：30 位优秀教师的案例》一书，讲述了 30 位优秀教师的成长历程。通过阅读这些案例，我们可以看到优秀教师之所以成为优秀教师，不是因为他们起点高、素质好，而是因为他们对人生和教育有理想、有追求，对自己的发展有规划和目标，不断鞭策自我发展。

二、教师职业规划的重要性

教师专业化是指教师在整个职业生涯中，通过专门训练和终身学习，逐步习得教育专业的知识与技能，并在教育实践中不断提高自身的从教素质，从而成为教育专业工作者的成长过程。

新教师在职业生涯初期就应树立做名师的理想。这样的"名师"并不是为名之师，而是榜样之师、模范之师。人总是要有追求，既然选择了教师这个职业，就要努力去做一名有更多教育影响的教师。一个人有了这样的精神，尽管目的地可能依旧遥远,但总会在不断出发的路上。

新教师立志做名师,就要找到一个符合自己的路线和风格的榜样,逐渐形成自己的教学主张和风格,建立自己的知识管理系统,平时就要不断思考并及时写下自己的系统思考。

（一）教师教学关注阶段理论

教师专业发展阶段理论是建立在职业生涯发展研究与理论成果基础上的。该理论研究的鼻祖是美国学者福勒,他在1969年编制的《教师关注问卷》成为教师发展理论研究的开始。

关注阶段论根据关注内容的不同,将教师由师范生到专业教师的成长过程分为以下四个阶段。

(1) 任教前关注阶段。此阶段因为尚未承担教学角色,没有教学经验,所以只关注自己。

(2) 早期生存关注阶段。此阶段关注的是作为教师的生存问题,如关注班级管理、教学内容和指导者的评价。

(3) 教学情境关注阶段。此阶段关注的是教学情境的限制和挫折,以及对他们各种不同的教学要求,关注自己的教学表现而不是学生。

(4) 关注学生阶段。当他们亲身体验到必须面对和克服较为繁重的工作时,才开始把学生作为关注的中心。

（二）陶行知的教师职业思想

在教育理论中,人们常把职业思想和职业道德当作同一范畴概念。从心理学观点来看,两者并不等同,即职业思想决定着职业道德。陶行知在这一点上恰好体现了心理学的这种观点。陶行知认为:"教育就是教人做人,教人做好人,做好国民的意思。"要想达到这一点,就必须以教师的思想和行为去影响学生。通过知识的传递等方面培养社会的有用人才。教师想把学生培养成什么人,自己就应当成为什么人。陶行知认为教师职业思想包括以下六种思想。

(1) 专业思想。陶行知认为教师必须"知责任,明责任,负责任",集中自己的精力,认真钻研,在教学上忠于职守,排除一切干扰因素,集中注意力,牢牢站好教师这班岗。

（2）进取思想。陶行知强调，做先生的，应该一面教一面学，并不是购买些知识来，就可以终身卖不尽的。即希望教师不断增进知识，更新知识。

（3）协作思想。陶行知在《育才创造年计划大纲》中，确定把"以互助合作精神相待"作为一项办校方针。教学实践证明，教师若无此思想，势必会影响学生的学习效果。

（4）开拓思想。陶行知极力推崇教育工作者在创造、开辟方面有所作为，同时也提倡改革不良的教育方式，冲破旧的思想的束缚。他认为教育者最怕的就是因循守旧。

（5）改造社会的思想。通过改造教育来改造社会，又能直接参与变革社会的实践。

（6）服务思想。陶行知说："教育者所得的机会，纯系服务的机会，贡献的机会，而无丝毫的名利尊荣之可言。"

（三）新时代对教师的要求

1. 做"四有"好老师，育学生健康成长

2014年9月9日，第30个教师节到来前夕，习近平总书记在北京师范大学与师生座谈时提出，教师要做"有理想信念、有道德情操、有扎实学识、有仁爱之心的好老师"。这是习近平总书记对全体教师提出的要求，在广大教育工作者中引起热烈反响。他们表示，要在教育教学实践中以高尚的师德情操诠释"学高为师，身正为范"的师德风范，为培养社会主义事业建设者和接班人作出更大贡献。

2. 学高为师，做学生的"四个引路人"

2016年9月9日，第32个教师节来临前夕，习近平总书记来到八一学校慰问师生。八一学校位于北京市海淀区，由老一辈革命家聂荣臻元帅亲手创办的荣臻子弟学校发展而来。八一学校是习近平总书记的母校，小学和初中都在这里学习。时代越是向前，知识和人才的重要性就愈发突出，教育的地位和作用就愈发凸显。"广大教师要做学生锤炼品格的引路人，做学生学习知识的引路人，做学生创新思维的引路人，做学生奉献祖国的引路人。"八一学校之行，让我们看到了我国科教战略未来发展的方向、目标和路径。

3. 身正为范,践行"四个统一"

习近平总书记在 2016 年 12 月全国高校思想政治工作会议上强调,教师是人类灵魂的工程师,承担着神圣使命。要加强师德师风建设,教师要以德立身、以德立学、以德施教。坚持"四个统一",即教书和育人相统一,言传和身教相统一、潜心问道和关注社会相统一,学术自由和学术规范相统一。这"四个统一"的要求,既适用于高校教师,又适用于各级各类学校的所有教师。新时代的教师既承担着传授知识的任务,又担负着培养学生树立正确的世界观、人生观和价值观的使命。只有努力坚持和践行"四个统一",才能更好地担负起学生健康成长的指导者和引路人的责任。

三、影响教师自主发展的因素

已有的研究表明,教师的需要、理想信念、自我意识等对新教师的自主发展有很大的影响。

(一) 需要影响教师的自主发展意识

需要是人类社会和个体发展的动力源。需要最容易转化为自主发展意识,教师的现实需要就是催生教师自主发展意识的现实土壤。新教师的现实需要包括尽快适应工作的需要、学生认可的需要、自我完善的需要、发展的需要等。浦东新区张江高科实验小学的严老师指出:"我们的专业引领要关注教师的现实需要。"

(二) 理想信念影响教师自主发展

理想信念如同新教师心中的"指南针"或"导航灯",直接或间接地调节着教师的教育教学行为。专业理想是教师作为一个职业人的奋斗目标,有了专业理想就有了发展的动力。教师个体的教育信念中的核心是教师真正奉行的在教育实践中体现出来的教育观念,其实质是教师个体已经形成的有关教育的认识,是教师头脑中的已有教育观念。当教师已有的教育观念与社会对教师的要求相一致时,原有的教育理念就会促进教师自主发展意识的形成;相反,则会阻碍它的形成。因此,我们要关注教师已有的教育观念。

（三）自我意识影响专业自主发展

自我意识是教师对自己作为一名新教师的自我认识，它既包括对自己是怎样的一名教师的认识，也包括对自己专业发展状态的认识。一般说来，专业自我意识强的教师，其自主发展意识就强。另外，教师的自我意识对教师往哪个方向发展和怎样发展都有直接的影响。

四、教师职业规划的目标内容

作为一名新教师，通常会存在着这样的疑惑：老师是什么？什么样的老师才是好老师？作为老师，我们应该追求的是什么？我们该如何设定自己的成长目标？新教师应该期望自己五年后能达成以下目标。

（一）师德修养目标

忠于祖国，忠于人民，热爱教育；恪守宪法原则，遵守法律法规，依法履行教师职责；带头践行社会主义核心价值观，弘扬真善美，传递正能量；为人师表，以身作则，举止文明，作风正派，自重自爱；坚持原则，处事公道，光明磊落，为人正直。

（二）教学技能目标

能应对任教学科，具有比较扎实的基础理论和专业知识；能独立掌握所教学科的教学大纲、教材、教学原则和教学方法，正确传授知识和技能，并结合教学开展课外活动，发展学生的智力和能力，教学效果好；并能够执教校级、区级的研讨课、公开课、评比课等。

（三）育德能力目标

教书育人，落实立德树人根本任务；遵循教育规律和学生成长规律，因材施教，教学相长；严慈相济，诲人不倦，真心关爱学生；能了解学生，倾听学生的想法，严格要求学生，做学生的良师益友；能有效与家长沟通，形成家校教育合力；能采取有效措施，激励学生乐群、乐学、乐思。

（四）敬业乐业目标

勤勉敬业，乐于奉献，自觉抵制不良风气；严于律己，清廉从教，坚守廉洁自律。

【案例】

仰望星空　脚踏实地

教师既要有扎实的学术根底、广阔的学术视野以及不断更新知识和追逐学术前沿的意识，又要把握教育的真谛，了解青少年发展的规律，掌握现代教育信息技术，具备热爱学生、关心学生、对学生认真负责的品质。为了尽快适应中学数学教育教学工作，丰富自己的专业知识，提高自己的教育教学潜力，鉴于自身状况，本人制定了新教师五年发展规划，为自己今后的发展指明方向。

一、自我分析

1. 发展优势

（1）热爱教育事业，工作认真踏实，肯吃苦，不怕累，从不计较个人得失。善于学习，在教学工作中遇到不明白的地方，能虚心地向有经验的同事请教。

（2）通过实习和职前培训，积累了一定的课堂教学实践感悟，愿意配合学校做好各项工作。容易理解新事物和新观点，具备必需的教育科研潜力。

（3）能够运用现代信息技术，并灵活有效地为教学服务。

（4）能正确处理和同事、家长、学生之间的关系。

2. 存在的问题

（1）驾驭教材的潜力、设计课堂教学的潜力和教师语言水平有待进一步提高，对后进生的关注程度不够，概括提炼能力有待提高。

（2）对待学生或者工作时有点急功近利，对待学生的耐心还不够。

（3）对于教育教学反思，惰于动笔，不善于总结归纳。

（4）工作主动性不够，缺乏精益求精的精神，个人专业素养和理论水平均有待于进一步提高，需要加强理论学习。

二、规划目标

1. 总体目标

为人师表，职业道德尤为重要。在这五年时间里，要不断加强自身的道德素质修养，不断完善自己的教学水平，增强教育教学潜力。

2. 阶段目标

第一年：完成自身从学生到老师的角色转变，明确教育教学要求，选择身边的榜样。

第二至第三年：不断提升课堂教学和班级管理水平，练就扎实的基本功，成为合格教师。

第四至第五年：能够预判学生和课堂教学状况，不断优化教育教学过程，成为优秀教师。

3. 具体目标

（1）根据学校的"先学后教，当堂训练"校本研究理念，用心投身教育科研的改革与实践，逐步构成"先学后教"的教学模式，促进教育教学质量的提高，努力提高课堂教学的有效性。

（2）认真学习新课程标准理念，不断更新教学观念。关注学生个性差异，把用心创造和满足不同学生学习成长需求的理念落到实处，将学生的发展作为教学活动的出发点和归宿。

（3）不断提高自己的专业素质，在教研活动中多多听取他人的意见，平时多听优秀教师的课，学习有价值的教学方式。能上出令人满意的优质课，上出自己独特风格的特色课。

（4）不断积累经验教训，做好课后反思和案例研究。

三、主要措施

1. 科学备好"导学案"

针对班级学生状况，每一课都做到"有备而来"，每堂课都在课前做好充分的准备，选取适合学生的教学方法，备出自己的风格。了解每一位学生，针对他们的特点进行预设，争取效果达到最佳。

2. 提高学生参与度

纠正学生上课习惯，抓好课堂40分钟才是提高教学质量的关键。如果课堂上总有一小部分学生开小差，不能集中注意力，或者发言时插嘴等，就容易导致上课的知识不能完全掌握。所以，教师首要抓的就是上课习惯，利用各种形式来吸引学生的注意力，增强他们学习的信心，努力抓牢例题，争取每一位学生都能掌握例题，从而能举一反三。

3. 增强上课技能

讲解能清晰、准确、生动，做到线索清晰，层次分明，言简意赅，深入浅出。在课堂上注意调动学生的积极性,加强师生交流,充分体现学生的主体作用,让学生学得容易,学得简单,学得愉快;注意精讲精练,在课堂上老师讲得尽量少,学生动口动手动脑尽量多。

4. 认真批改作业

布置作业做到有的放矢,做好课后辅导工作,注意分层教学。

5. 做好教学反思

反思是不断进步的阶梯,在上完每一节课后要及时做好反思工作,如这节课有哪些灵性迸发的地方,有哪些不足的地方,认真总结,以提高自己的教学潜力和专业水平。

6. 加强练习教师基本功:备课、说课、三字一画。

通过系列学习与研究,使自己成为一位能站稳讲台的合格教师、优秀教师。

(上海市奉贤区剑桥学校　金　雪)

学高为师,教师要想成为有扎实学识的人,就要先成为一名主动学习者,立志做学习型教师,使自己适应时代的发展。身正为范,教师要想成为有道德情操的人,以德育德,以德施教,必须注重自我师德修炼,就要从制定职业生涯规划开始,客观、理性地分析自我发展的优势和不足,制定适切的规划目标,逐年奋斗落实,并反省修改。在教育教学中,既能独立思考,又能倾听合作,按照职业生涯规划,保持清醒的定力,以不断提高自己的专业素养。

一日三省贵修行

执行规划,一日三省。通过拜师学艺、主动学习教育经典著作和积极参加各类培训教研活动,在课堂打磨中学会备课上课,提高教学能力;与学生平等地沟通交流,学会激励学生;真诚倾听家长的声音,学会家校合作,形成家校教育合力。

动力机制是新教师专业发展的根本动力。它通常由外部动力和内部动力构成,同时还存在外部动力向内部动力转化的过程,最终体现为新教师的专业自主发展。可见,新教师专业自主发展的动力主要来自教师内在的主动意愿和自觉意识。教师的内部动力可以分为四类,分别是职业伦理、兴趣、性格、自主发展意识。不同发展阶段教师在专业发展的内部动力上也存在着一定的差异。

一、提高教学能力

教师职业生涯中,教学是教师最硬的技能。怎么才能快速提高教学能力?一个好的教师要对所教学科知识结构有清晰、完整的认知,不仅要有很强的学生意识,关注学生的学习过程、学习障碍,还要懂得学生认知、心理、情感的发展规律。

(一) 拜师学艺

新教师要想快速摆脱新手期,最关键的是要学会"拜师"。"师傅领进门,修行在个人。"对新教师来说,这个"师傅"要先在身边找,可以是优秀的同事、主任、校长、专家、权威等。强调在教师身边找师傅,是因为方便随时随地地求教。

除了"以人为师"外,还要学会以其他教育智慧载体为师,如专业报纸杂志、业务比赛、外出学习。牛顿说过:"我之所以能成功,是因为我站在巨人的肩上。"

其中,专业报纸杂志就是巨人的肩膀。参加或观摩业务比赛、外出学习、研究一个名师做榜样等,也都是在寻找"巨人的肩膀"。

(二) 勤学参悟

快速提高教学能力,首先要弄明白以下几个基本技巧:掌握备课的方法,做问题导向的教学,让学生主动学习,学会提问,整体思考教学。其中,掌握备课的方法有以下几点。

第一,把握学科本质,认识学科价值。各学科都强调思维,思维是各学科内化的策略。所有学科都可以有自己学科的一个关照:各学科的基本概念是什么?学科的思维方法是什么?解决问题的策略是什么?各学科的文化、渊源都有什么?当我们不了解自己的学科是什么时,我们做的努力越多,距离学科的本质就越近。

第二,了解教材体系,做教学的有心人。教师应该明确以下几种关系:解构教材与分析教材、解构教材与课标要求、解构教材与教学实践。教材是载体,是例子,给教学提供了很多内容。注重教学目标的细化、教学过程的设计、教学难点的分解、教学重点的突出;专注教学问题链、导学案和任务单的设计以及作业的分层设计和优化,研究试题的编制;优化教学流程,注重学习工具"脚手架"的编制。

第三,了解每一位学生,知道学生的个性特点、家庭情况、兴趣爱好,科学地进行学情分析。关注、关爱、帮助有特殊需要的学生,对学困生进行个别化辅导。

二、学会激励学生

"激励"在《现代汉语词典(第7版)》中被释义为"激发鼓励"。心理学上对激励的解释是发动和维持动机达到目标的心理过程。

从现实意义来说,无论是在教师的育人管理还是课堂教学中,激励都有其特定的价值。有学者曾经说过:"教师是教育激励的主要实施者,他们是学生接触最多、对学生影响最大的教育者。因此,教师对学生的激励至关重要,必须引起高度重视。"

(一) 用尊重激励学生

以平等的心态、平常的心情、平静的心境去对待所有的学生。尊重学生,尊重学生的人格和自尊心,尊重学生的个性、爱好和隐私。把学生看作文化人、社会人,以及有自我意识、有主体需要的人。即使是有严重缺点乃至犯过错误的学生,也要充分相信他们,尊重他们,引导他们克服缺点,改正错误,在教师的信任和期待中不断进步。

心理学家利伯纳通过实践证明:受到尊重、激励的学生学习劲头十足,学习成绩不断提高,而缺乏尊重的学生学习没有劲头,学习成绩有下降的趋势。因此,在教学活动中,教师首先要尊重学生,让学生享受到尊重,以调动学生学习的积极性,激发自信心,最终体验到学习的成功。

(二) 用情感激励学生

一个赞许的眼神、一句理解的话语,都能影响和激励学生。"我生活在我的学生中间,我的手牵着他们的手,我的眼睛望着他们的眼睛,我随他们哭泣而哭泣,随他们微笑而微笑。"在发生任何事情之前,你必须先了解和把握要发生的事情。因此,情感激励是否能发挥作用的关键在于事先是否有做好沟通的工作。

(三) 用赏识激励学生

教师要用赏识点燃学生的心灯。赏识既是一种"宽容",也是一种"仰视"。一个班级的学生素质参差、水平各异,班主任的胸襟要海纳百川,既要容学生之长,又要容学生之短,还要容学生之异。班主任要学会倾听、理解,要比一般的教师更豁达,包容性更强。

随着社会信息化和价值多元化的发展,教师的教育激励已经成为时代发展的强烈诉求和推动学生成长的重要动力。在目前的教育认知中,激励已经不仅仅是一种外在的教育手段,更成为教师人格的重要特质。

如何激励学生?有以下几个要素:不轻易否定学生,教师知错就改,把学生当镜子,掌握积极心理学,回归学生内心。

三、学会家校合作

教师和家长一同构成了孩子成长过程中影响最大的两个群体。在某种程度上讲,教师和家长有着同样的使命——让孩子健康、快乐地成长。因此,只有教师和家长团结协作,才能让好的教育深切地影响到孩子。

（一）学会家访

教育学生，爱学生，先要了解学生，懂得学生，而家访是一个重要途径。新教师进行家访时，要与家长进行沟通，以及不失时机地与学生进行沟通。比如，某班级有几个学生，把他们在小学就养成的一些坏习惯如懒散、不来上课等带入新班级，使班级的一些活动难以开展。于是，班主任通过与学生家长、学生本人和学生的朋友进行了解沟通后，发现这些学生还存在着不少闪光点。此时，抓住这些闪光点进行表扬鼓励、情感激励，是有效家访必不可少的方法。

（二）理解家长

现代社会的开放性和价值的多元化，让教师和家长的关心变得更加敏感和脆弱。一边是对教育和教师充满困惑的家长，一边是教师对孩子和家长的诸多无奈。因此，家庭教育和学校教育常常出现不和谐等问题。再加上教师和家长关系的松散、双方地位的不平等和信息的不对称等问题，给教师和家长的沟通带来了巨大的阻碍。这些问题的存在，使得教师和家长的沟通被推到了更加重要的位置，并且具有十分重要的现实意义。

新教师要鼓起与家长沟通的勇气，教会家长冷静，让家长和教师保持观念的一致，和家长一起享受解决问题的快乐。

此外，伴随着日常教学过程中出现的问题，例如：认真备的课学生为什么不喜欢？为什么学生们上课不遵守纪律？为什么向其他老教师学习了还是成长很慢？这些问题的困惑，有时会让新教师陷入迷茫中。

长路漫漫，如何走出"成长的迷宫"？每一名教师都要有一个职业规划的桨，认识自己的长处，把自己的教学经验变为成果，享受教育成功的快乐。

【案例】

奋斗所到处　青春恰自来

2009年7月，从上海大学毕业后，我在奉贤区邬桥学校工作至今。2010年7月被评为二级教师，2014年12月被评为一级教师，2020年12月被评为高级教师。

一、关爱学生,甘于奉献

教育事业是爱的事业,我甘心扎根偏远农村学校。几年来,我不管酷暑严寒,坚持两周一次为隶属邬桥学校六年级、七年级的周晨薇、丁明两位特殊儿童送教上门,开展特教活动。参加工作以来,我担任四年班主任工作。我努力以自己的品德、修养、学识、气度去感染和带动学生,通过"大处着眼,小处着手"的工作方式,使一些行规偏差生变得更有集体荣誉感和责任心。我坚信美丽的语言是有力量的。工作第三年起,我担任英语教研组长期间,努力打造教研组团队的合作精神,与学科组、备课组老师共同备课、磨课,同时共同研究和分享我的高研班的学习经验和区、市级课题的研究成果。

二、慎独博学,精于专业

除了对教育事业的热情和追求外,我还不断学习,精于专业。通过学习《大教学论》《课程标准》《教学大纲》《名师成长与教学创新》等理论专著,不断充实自己的教育理念,寻找实践教学的理论支撑。教学上,奉贤区教研员丁永花、赵萍两位老师给了我很大的帮助。我参加了奉贤区第二期中学英语高级研修班,定期去名师基地学习,得到了上海市英语教学专家赵尚华、何亚男等的指点。在众多专家的带教指导下,我认真学习,实践探索,不断反思,在区级一年期教师备课、上课、综合考核中均获"优秀",在区五年期教师教学业务、主题班会课考核中也都获"优秀"。

三、立足课堂,勤于反思

课堂是教育的主战场。以生为本,进行德育渗透,营造英语人文课堂,回归教育本源,提高教学质量。农村学校的学生基础差、底子薄,每次备课、上课我都会根据现在的学生情况对学到的材料或之前的教案进行调整。为了提高课堂质量,经常反复磨课,每学期我至少开设 3 节校级公开课。在教研员的鼓励下,2011 年 5 月,我执教了一堂八年级的区级公开课"France is calling",得到了老师们的好评。另外,我将设计该课时与教研员一同修改完善的过程记录成文,该论文获市评比三等奖。受此鼓舞,我不断积累平时课堂教学中的反思体会。2014 年 9 月,我赴静安区参加为期 5 周的培训,并与静安区民立中学的芮静老师在该校开设了"同课异构"的公开课"A New Newspaper",课堂中的许多设计思路得到了观课老师的赞同。同时,我将培训期间的学习思考写成论文《静安奉贤两校初中英语阅读教学的比较分析》,并发表在《上海师资培训》上,该论文于2014年获区第19届教学节论文评比二等奖。

除了英语教学工作外,我还担任了学校团总支书记、初中大队辅导员、副教导、党支部委员等工作。虽然工作繁忙,但是心中有追求,感恩、激情与反思充满心间。我主持的区级课题"新农村初中英语词汇教学改进的行动研究"结题成果鉴定为"优秀",该课题于2013年获奉贤区第十届教育科学研究成果三等奖。2013年12月,我完成了另一项上海市青年教师课题,研究成果鉴定为"合格"。

驾驭教材,关注学情,勤于反思,提高质效,这些都是我的不懈追求。

(上海市奉贤区金桥学校　金　雪)

新教师职业规划的实现,是教师个人内在因素和外部因素相互作用的结果,其中内因是主要因素。因此,新教师自主发展意识的培养,应该着眼于教师个体素质的提升、自主发展意识的唤醒,以及对教育志趣的坚持和教育事业的认同。对于自主发展意识较薄弱的教师,学校要从关注教师的命运、生命意义和生存价值的角度,来唤醒他们的生命意识与自觉。教师专业发展事关教师的人生幸福与生活质量,因此要让教师认识到专业发展、实现职业规划对自身的重要意义和价值。

取长补短重坚持

完成规划,取长补短。在完成教师职业规划的过程中,起决定作用的或最直接有效的便是教师个体的自我激励和坚持不懈的追求。坚持取长补短,通过树立成功信念、改善心智模式、追求教育境界和养成良好习惯,来不断优化完成教师职业规划的策略。

特级教师于漪曾说:"我这一辈子有两把尺,一把尺量别人的长处,一把尺量自己的不足。"取长补短,新教师更应如此。

一、树立成功信念

成功是一种心态,是一种习惯,是一种思考模式。只要你有目标,知道你所想要的,并积极采取行动,告诉自己绝不放弃,成功与否只是时间问题而已。

(一) 失败只是停止成功,不会阻止成功

我们先来看一则案例:有一个人,21岁做生意失败,22岁角逐州议员落选,24岁做生意再度失败,26岁爱侣去世,27岁一度精神崩溃,34岁角逐联邦众议员落选,36岁角逐联邦众议员再度落选,45岁角逐联邦参议员落选,47岁提名副总统落选,49岁角逐联邦参议员再度落选,52岁当选美国第16任总统。这个人就是林肯,因为他坚信失败只是暂时停止成功,不会阻止成功,因此能屡败屡起,最终成就非凡。

(二) 成功者绝不放弃,放弃者绝不成功

自信所产生的力量虽然既看不见也摸不着,但是我们能感受得到这种强大的心理作用。自信能激发人们的潜能,取长补短,最终获得成功,甚至创造奇迹。

大家都知道海伦·凯勒是一位聋、哑、盲的女作家、教育家。试想一下:在她

黑暗又寂寞的世界里，假如她对自己没有自信，她会这样顽强地生存下去吗？假如她不自信，她会大学毕业吗？假如她没有自信，她能学会英、法、德、拉丁、希腊五种文字吗？当然不可能。她曾说过："我碰到了不可胜数的障碍，跌倒了，我一次次坚强地爬起来。每前进一步，自己的勇气就增加一分，我相信自己一定能到达那光辉的云端、碧天的深处——我希望的绝顶真理。"这就是自信，也正是这种自信使得海伦·凯勒创造了奇迹。

在实际生活中，我们总是在自己担心出错的情况下犯错误，总是在不敢说话的情况下说错话。想一想海伦·凯勒的事迹，我们还有什么理由怀疑自己的能力呢。

新教师要树立教育是事业的信念。教师虽然工作繁重，生活清苦，但是，如果有高度的事业心和责任感，愿意教书育人，诲人不倦，取长补短，那么就已经具备了自我完善的基本条件。自我完善并不是一种静止的最终状态，它是一种延续的适应，是一个动态的过程。它不仅要求个体适应当前的生活，还促使个体不断地追求未来。

二、改善心智模式

"心智模式"即存在于人们大脑中的许多设想、信念或图像、印象，也是人的心理素质和思维方式。心智模式是根深蒂固于人们心中，影响人们如何认识周围世界以及如何采取行动的许多假设、陈见和印象。不同的心智模式会使人们对问题的判断大相径庭，所以改善心智模式对改变教师做事的方法是非常必要的。此模式不仅影响教师如何认识这个世界以及对待事物的态度，还影响教师的行为，有时直接决定教育的成功与否。

君子善假于物，以智取胜。"登高而招，臂非加长也，而见者远；顺风而呼，声非加疾也，而闻者彰……君子生非异也，善假于物也。"《三国演义》中的谋略家也常常靠"借"来弥补自己力量的不足，靠"借"来强化自己的优势，可谓高明之极。

（一）要让事情改变，先改变自己

一般人在遇到困难时，总是抱怨别人。但是，抱怨对解决问题能有多大帮助？曾经有一次，推销员乙在推销汽车失败时，向公司经理抱怨汽车的色彩太少、种类单一、奖励方案不尽完善等。那名经理不顾他的喋喋不休,闷声不吭地在纸上画了一个图,问他:"推销员甲能赚5000美金,难道他卖的产品和你不同,奖金制度比你优厚吗?而你却只能赚1000美金,两者的差异在哪里?""是自己。"推销员乙不得不低下头来。因此,要想让事情发生变化,就要先改变自己。

(二)要让学生优秀,教师要先成为学生的骄傲

教师要用赏识点燃学生的心灯,以"你在这点行"来鼓励学生。千万不要因自己是教师而高高在上,应带着尊重去欣赏和勉励每一位学生。而且,班主任对学生的赏识要与促进学生的成长相结合,上升为一种管理艺术,坚持他励和自励相结合。每一位学生都有自己的一盏心灯,他们希望老师认可自己的付出,渴求老师用赏识不断为自己的这盏心灯加油,使这份温暖永远亮在他的心房里。

三、追求教育境界

教育是艺术,艺术需要创新。向艺术家学习创新,这是教师必须面对的课题。

(一)学会沉浸

演员完全沉浸于他们角色的性格和历史中,画家们为了一个印象,一幅又一幅地作画。教师也要完全沉浸于自己的教育工作中。教育是事业,事业的意义在于奉献。教师要甘于寂寞,利用一切时间,努力掌握学科教学技能,如学习课程标准,掌握教材要求,了解学生认知水平、成长阶段和兴趣需求,学会驾驭课堂的教学技能、方法等。

语文特级教师于漪沉浸于备课的原型经验——"一篇课文,三次备课",值得借鉴。第一次备课——摆进自我,不看任何参考书与文献,全按个人见解准备教案;第二次备课——广泛涉猎,分类处理各种文献的不同见解(我无他有,我有他有,我有他无)后再修改教案;第三次备课——边教边改,在设想与上课的不同细节中区别教学过程的顺利与困难之处,课后再"备课"。如此备课,功夫是多了,但这三个关注(自我、文献、收获)和两个反思支架(更新理念、改善行为)的课堂教学改革经验却是教师成长的捷径。

反观我们今天的教育,最大的弊端正是叫学生拼命读书,却封杀了他们思考

的空间。一是大量的练习使他无暇思考;二是标准答案使他们无须思考;三是灌输式教学使他们无力思考;四是两耳不闻窗外事使他们无法思考。新中考、高考综合改革要求教师不但要自己善于思考,而且要启发学生思考。我们知道,知识必须经过自我认识,而自我认识只能被唤醒,而不能被转让。教育不是知者随便带动无知者,而是师生共同寻求真理。在教育中,师生可以互相帮助,互相促进。学生在似是而非的自我理解中寻找难题,在错综复杂的困惑中被迫自我思考,最终教师指出寻求答案的途径,提出一连串的问题,而且不回避答疑。教育不是给学生现成的答案,而是让学生自己通过思考去探寻结论。教师引导学生学会思考,激发学生对探索求知的责任感,并让课堂充满生命活力。

(二)学会合作

很多艺术形式需要拥有互补技术的不同人群有效合作。教育也一样,一个人想破头也不得其解的问题,在与其他教师合作的交流中很可能茅塞顿开。通过与教研组、年级组中同伴教师一起工作,将他们互补性的教育方法与教育技能结合起来解决一个问题,那么各种复杂性的教育教学问题就会变得更容易处理。教师融入公开性的交流及对教学的审视中,让教师获得公众评论其教学优缺点的机会,使他们从教学的"边缘参与"到"中心参与",是教师走向成熟、成为专家教师的重要途径。

中华文明对其他文明的包容态度,得到了孔子仁学思想的支持。孔子曰:"仁者,人也。"儒学强调的是对他人的友爱与关怀的态度。"仁者,人也"是他者优先的伦理,特别表现在两方面:"和而不同"与"与人为善"。"和而不同"是孔子的话,指包容差异,尊重差异,注重多元。"与人为善"是孟子的话,指与自己不同的他者和善相处、友好对待。这两点也是新教师处理同事关系时要掌握的原则。

(三)学会放松

一旦完成一个大工程或一场盛大的表演,艺术家们就要离开喧嚣之地。在做了好的工作并获得重大成功之后,艺术家们会感到疲惫不堪。他们离开一段时间,给自己充电。教师在经过整整一个学期的辛苦工作后,要充分利用假期,休养生息,学会放松,学会充电,为下个学期所要突破的目标做好准备。

读书学习是最好的放松。从某种角度来说,学会读书已经成为现代人的生存和发展基础。只有善于读书,才能提高自身的文化底蕴。教师学习理论,阅读教育专著,与人类的思想家、教育家对话,学习他们的研究成果,提高文化素养,尤其要提高人文素养,并在此基础上培养科学精神,这既是教师的教育思想和风格形成、发展的基础,也是教师成长的必备条件。从一定意义上说,教育思想和风格的形成过程就是教师跨越东西方文化经典所构成的桥梁的过程。当前,作为一名优秀的教师,一定要在汲取西方文化的科学精神、民主精神、讲求实证精神的基础上,重视中华优秀传统文化的学习,从中汲取营养,学会拿来和思考。观察和领会他人的生活实践和生活态度,并从中积淀人文素养,获得"自我超越"的激情和人文精神,这是新教师重视自身修炼与提高的重要内容。

（四）学会简单

简单对艺术家非常重要,因为观众更容易理解简单的表达方式,所以这才是交流想法的有效方法。教师上课也要简单明了,目标明确,重点突出,条理清楚,表达通俗,板书工整,图表简洁,让学生一看就明白自己的授课意图和自己所要做的事。教师所设计的课堂教学高潮也必须是学生所能企及的,否则就失去了意义。

四、养成良好习惯

我们每天所做的事情,大多是习惯使然。播种一种行为,收获一种习惯。坚持一种习惯既是一种修养,也是事业成功的前提。新教师养成良好的习惯,是人生出彩的重要基础。

（一）养成钻研教材教法的习惯

教师职业生涯中,钻研教材教法是教师专业发展的一个永恒课题。新教师在这方面要走向成熟,表现在教学突破的一些关键性指标上。一名教师是不是合格教师,需要怎么来衡量,涉及他对学生认知活动和知识掌握情况的预判。其中,哪些教学内容需要进行铺垫,如何设计这些铺垫,课堂教学出现异常情况后如何进行应对等,都需要教师及时对教材教法进行深入钻研。

（二）养成教学反思的习惯

教学反思是提高教师教学实践研究能力的一个重要环节。新教师从上第一课开始,就要进行教学反思。教学反思有很多种类,可以从不同角度、不同深度进行反思。比如,可以从成功的点与失败的点进行反思,也可以从教学效果与目标达成度进行反思。反思的角度不同,得出的结果也会不同。

(三)养成关注学生变化的习惯

新教师要学会观察,掌握学生的需求变化,如学生的学习兴趣、态度、成效等方面的细微变化。教师对学生学情变化进行归因分析,如倾向性问题怎么引导,个别极端问题怎么处理,教学策略怎么调整。教师要不断探索解决问题的实践策略,在实践中不断积累这方面的经验,提高了解、观察学生学情变化的洞察力。

(四)养成阅读教育经典的习惯

人生不能没有朋友。在所有朋友中,两个朋友是最不可缺的。一个朋友就是你自己,是你身上的那个更高的自我。每个人身上都有一个更高的自我,哲学家称之为理性,基督教称之为灵魂,佛教称之为佛性,但它常常是沉睡着的,你要去把它唤醒。为了使这个更高的自我变得丰富而强大,你还必须有另一个朋友,就是那些活在教育经典著作里的伟大的灵魂。我们不是巨人,但何妨站到巨人的肩膀上,去欣赏他们眼中的奇异的风景;我们不是伟大的人,但何妨阅读教育经典著作,去体会人的伟大可以达到何种高度。新教师阅读教育经典就是站在教育巨人的肩膀上最直接、最现成的方式。

【案例】

班主任的坚守

教师除了教书外,还要育人,更要当好班主任。班主任每天和学生"斗智斗勇",真的很辛苦,但也很快乐。

一、树立带好班级的信念

少埋怨,多实干,寻找管理班级的策略和方法。我曾经和同事们交流过"班级文化建设与学生人格养成",畅谈了好的班级文化有助于孩子的品格形成。经常听到这样一句话:给孩子一个舞台,孩子会还给你一个惊喜。其实,为孩子寻找适合他们的舞台,让他们在上面发光发亮,未尝不是一种很好的教育方式。在不同的舞台上，孩子能展示出不同的才能。因为学生的差异性在实际的班级文化创建中，更多体现的是班主任的个性特点。班级文化是一个班级学习精神的集中体现，它是一种个性文化，影响的是一个班集体的全体师生。班级文化有"硬文化"和"软文化"之分，它的核心是班风和班级精神。每一个班主任都应该把班风建设作为首要任务，不遗余力地抓好。有了良好的班风，班级文化就有了根。

二、把班级工作放在心上

我认为建立积极向上、班风优良的班级需要每一个学生的努力。只有发挥每一个学生的积极性和创造性，才能构建良好有效的班级文化。在班级的成长过程中，班主任的个性和能力起着决定性的作用。作为学校"班主任工作坊"的带头人，我十分注重班级文化建设，努力营造浓郁的育人氛围。"把心放在工作上，把工作放在心上"，这是我最喜欢的一句话，也是我班主任工作的真实写照。我坚信，做好班主任工作能让孩子们成为爱班级的天使。同时，我也不断学习班级管理的新理念、好策略、好方法。其实，最能体现班主任教育智慧的恰恰是那些平凡而琐碎的常规工作。优秀的班主任往往能把一件件小事作出艺术来。

通常新接一个班级后，我会花近一个月的时间来熟悉和了解学生，在9月份初步完成班级"六部"的初步组建，由相应的班委领衔的各大部完成班级工作。班级岗位按需设岗，基本不养闲人。把学生培养成岗位能手，让班级高效运转起来。

培训班委管理协调好班级各部门工作，保证班级纪律、卫生、活动等工作的高质量。尤其是课前管理，这是班主任管理容易忽视的细节，那就是提高本班任课教师的幸福感。比如，我们班级的课前管理，我花了整整一个月来抓这件事。开学初，我几乎每节课前会去看值周班委怎么管理课前纪律。虽然课前2分钟很短，但我希望每一位走进我们班级上课的老师的心情是愉悦的，这样学生也能更快地进入上课状态。

三、养成善管班级的习惯

1. 养成了解学生的习惯。比如，坚持按照学号顺序与学生交流，每天1—2位。与学生谈心，使我尽快地了解他们，走进学生的心。

2. 构建班级文化的习惯。我每接一个班级都会花时间和精力来打造属于我们班级的班级文化,打造属于我们班级的班级名片。

3. 引入"班级岗位招标制"。值周班委各司其职,可以让更多的学生承担班级工作。由原来任务型指派变成我要为班级做事。

4. 让优秀成为习惯。塑造班级精神,打造班歌、班徽、班训等一系列属于自己班级的文化符号。好的班级文化也能引导孩子建立良好的品格,并且能启发他们,对他们遵规守纪、为人处世等产生深远影响。打造好的班级文化并非易事,但这么做是值得的。你会发现只要改善班风,各种寻常的挑战就能迎刃而解。

在构建班级文化的系统工程中,班主任的坚守是一道亮丽的风景。因此,我坚持学习与研究教育理论,提高自身的教育素养,真正做好班级管理工作,使自己成长为一名优秀的班主任。这些年最大的收获就是自己获得了专业的成长,获得了上海市的优秀班主任、奉贤区十佳班主任等称号,连续两届获得了区卓越教师的殊荣,所带班级也获得了区优秀中队的称号。

每个孩子都是独一无二的,没有一种教育是可以一劳永逸的。班主任的坚守和坚持,总会多一分收获的喜悦!

(上海市奉贤区弘文学校　韩玉芳)

新教师当班主任时,首先要树立带好班级的信念,少埋怨,多实干,寻找管理班级的策略和方法;其次要加强班级文化建设,因为好的班级文化能引导学生建立良好的品格,并能启发学生,对他们遵规守纪、为人处世产生深远影响。打造好的班级文化并非易事,需要班主任的坚守和坚持。

挖掘潜能敢超越

完善规划,与时俱进。立志做教育名师,成为"四有"好老师,做好学生的"四个引路人"。不断改进教师职业规划,不断突破自我和超越自我。教师要树立信心,激发潜能;确立问题导向、目标导向,运用教育科研,优化规划实现路径,向人生更远的目标不断奋进。

潜能代表一个人潜在的、尚未完全表现出来的能力倾向,是个人发展的一种内在特质。个人的潜能既包括一些天赋,又包括一些后天学习的经验。潜能是由智能、个性、兴趣、动机或价值观等多种因素构成的一个有机整体。

教师的潜能能否充分发挥出来,能否得到充分发展,很大程度上取决于这些因素之间有机地组合、协调。如果一件事情是你感兴趣的(兴趣因素),认为是有价值的(价值观因素),值得去做的(动机因素),有能力去做好的(能力因素),又适合去做的(个性因素),那么你就会做得更好。因此,可以通过学习来开发和利用潜能,使个体的能力得到充分的发挥,进而超越自我,获得更大的成功。对新教师而言,为了更好地实现职业规划,可以通过一些有计划的训练,来开发潜能,提高教育工作的成效。

一、潜能无限与自我开发

每个人都存在着潜能,并能通过自己的努力,把潜能激发出来。下面介绍几种挖掘潜能的方法。

(一) 人人潜能无限

大脑是一种神奇的身体结构。科学研究表明,人类的大脑可储存 50 亿本书的信息。但人类对大脑的使用只占到大脑机能的 $4\%-6\%$,因此人类对大脑的使用可以无限扩大。为什么许多人都会觉得自己愚笨或记忆力差呢？真正的原因并不在于我们的大脑，而在于我们该怎样去使用我们的大脑。

人的潜能是难以估量的，就像一位母亲在危险的时候能准确地抱住从四楼摔下来的婴儿一样，人们在危难来临时常常表现出惊人的潜能。例如，人们在不会游泳的情况下，面对鳄鱼袭击的威胁时，便会奋力自救，于是竟能神奇地学会游泳。人类对大脑的研究历史悠久，然而对自身大脑的开发和利用程度却仅有10％。如果将人类的整个意识比喻成一座冰山，95％隐藏在冰山底下的意识就是属于潜意识的力量。成功人和平凡人的区别就在于：成功人会不断探索、挖掘自己的价值潜力，并全力以赴地发挥其作用，直到获得成功；而平凡人却没有发现自己潜藏的力量，总是想依靠别人，遇到问题就怨天尤人，最终一事无成。美国心理学家威廉·詹姆斯通过多年的研究得出这样一个结论：普通人只用了自身所有能力的极小部分，与伟人相比，我们只苏醒了一半。所以，任何一个普通人都有无可估量的潜力。

美国哲学家爱默生认为："蕴藏于人身上的潜力是无尽的。他能胜任什么事情，别人无法知晓。若不动手尝试，他对自己的这种能力就一直蒙昧不察。"他为此还强调："一个人应当更多地发现和观察自己心灵深处那一闪即逝的火花，不只限于仰视诗人、圣者领空里的光芒。"无论你是事业有成的成功人还是一事无成的普通人，无论你是年过半百的老人还是精力旺盛的年轻人，无论你在哪一行工作，只要你相信自己有巨大的潜能，你就成功了一半。

（二）善用自身情绪

"情感、性格决定命运。"新教师要善于调控自己的情绪情感，促进自身资源的开发。人生中出现的每一件事都为我们学习怎样使人生变得更好提供了机会。情绪的出现，正是保证我们有所学习。每份情绪都有其意义和价值，不是给我们指明了方向，便是给了我们力量，甚至两者兼有。如果我们没有痛的感觉，就不会把手从火炉上抽回；如果我们没有恐惧，生命就会变得脆弱；如果我们没有不甘心被别人看低的感觉，我们就不会如此发奋。

情绪应该为我们服务，而不应成为我们的主人。如果情绪能被妥善运用，就可以使人生变得更加美好。只是要"运用"它，必须要先使它臣服，受你驾驭。情绪既是生命的一部分,就像我们的手与脚、过去的经验、积累的知识能力等,也为我们服务,使人生更美满。可惜的是,当今社会有很多人都陷入迷惘苦恼中,不能自拔,成为自己情绪的奴隶,而不是驾驭自己情绪的主人。这种情况是可以扭转的,有很多技巧可以帮助一个人成为自己情绪的主人,如自己的信念、理想、责任感、人生规划等。

情绪就是我们的能力。其实,我们拥有很多能力,如自信、勇气、冲动,或者是冷静、轻松,或者是坚定、决心,或者是创造力、幽默感,或者是敢冒险、灵活、随机应变……所有这些能力都是一种内心的感觉。即使有知识、技能和其他资源去帮助你,使用这些资源的原动力仍是这种内心的感觉。没有这种感觉,即使我们具备了这些资源,也不会去用或者用不好。

(三)保持良好心态

积极的心态有助于我们产生积极的思维,进行积极的思考。一方面,引导我们向好的方向前进;另一方面,也能激发我们的潜能。人们的许多创意都是在思维活跃的时候产生的,而保持良好心态的人也更愿意去不断尝试。在一次次的尝试中必然会发觉自己潜藏已久的潜能。

两个心态不同的销售员被制鞋公司派到非洲开拓市场。甲销售员到非洲以后,发现那里的人无论在干什么都光着膀子、赤着脚。他非常失望,心想:天气这么热,谁会来买我的鞋呢?于是,他便悲观地离开了。乙销售员同样看到了非洲人的光脚丫,但他想:那么多人都没穿鞋,看来我们的市场前景很大啊!于是,他通过潜心研究,终于使这些光脚丫的非洲人穿上了自己销售的鞋子。销售业绩突出的他很快成为公司的骨干。同样是面对赤着脚的顾客,消极的人满眼都是绝望的眼神,而积极的人眼里却是这些顾客穿上鞋子的样子。成功与失败其实就这么简单。积极的态度能让我们展翅高飞,能让我们遨游海底,创造生活斑斓的社会。

点石成金的是态度。在超越自我、释放潜能时,态度决定一切,而我们在必要时需要做个"任性"的人,要时时提醒自己成为亲善热忱的人。在面对困难、实现自我人生价值时,要做一个无所畏惧的人,要时刻保持乐观向上的态度。成功更多地源自勤奋而非天才。专注于某件事情,就必然可以取得成功。要对自己所做的事情负责,成为一个成熟的人。在获得成功之前,用正确的态度去拥抱失败,用自律的心去掌握自己的命运。

教师要在教育工作中提升自己的价值,通过工作来展现出自己的价值。必须抓住教育工作的重点,较好地表达自己的想法,加快脚步去完成自己手中的工作。同时,要在第一次做的时候就做到完美,给他人留下好的印象。不要将简单的事情复杂化,而要将复杂的事情简单化,要让自己成为工作中他人不可替代的人。在工作中,一定要注意维持自己的教师信誉度,不要让薪水成为自己工作的原动力。工作时,不要只想着偷懒,而要记住"多走一里路,交通不堵塞"的道理。

(四)积极自我暗示

教师职业生涯中,难免会有挫折。若能进行积极的自我暗示,结果会大相径庭。哲学告诉人们:主体意识就是人的主人意识或自主活动的意识,也就是既要做外物的主人,更要做自己的主人,是自己掌握自己命运的意识。社会愈发展,人的个性意识就愈强,这不仅是因为人们在主观上追求个性,还因为在日益社会化的情况下,没有现实个性意识的个体就难以成为一个时代的人,甚至难以生存。正如一个企业,其产品若无自己的特长就难以存在一样,一名教师在教育教学上若无一点特色(或"一技之长")就难以成为专家型教师,甚至难以生存。所以,教师要提高主体意识,努力开发自身的潜能。

挖掘潜能的有效途径就是给自己积极的心理暗示。暗示会产生强烈的心理定式和心理反应,并引导潜在动机产生行为。积极的暗示是信心产生的缘由,从而使人的潜能得到充分发挥。积极的暗示为人的心理带来积极的影响,如暗示自己:"我一定行!""我能做到!""我很棒!"消极的暗示是成功的绊脚石。

我们要经常对自己说"我的能力越来越强""我是一个坚强的人""我不能退缩"。一方面,简单的暗示句子便于记住,经常默诵就会为自己打气,久而久之就能增强自己的信心;另一方面,有力的暗示句子使你坚信自己的力量能越来越强,有利于充分发掘自己的潜力,去克服一个又一个困难,做成一件又一件过去认为自己做不到或做不好的事,而成功做成一件事又会使你的信心增强。这样就形成一种良性循环,信念便在你的潜意识中进一步强化,被强化的心理又反过来鼓舞你向更高目标迈进。另外,在为自己确定努力的目标时,一定要使目标切实可行,一定要经过努力才能达到,不要用不切合自己实际的言语暗示自己,否则不会发生任何作用,还会为自己无法达到目标找借口。如果暗示句子建立在积极可行的基础上,经过努力能够达到目标,那么不仅心理能适应,还会调动自身的潜力,充分发挥想象力和创造力,克服困难,努力去实现目标。相反,暗示句子的目标定得过高,个人能力就无法达到,可望而不可即,超出自己的能力,以致产生抗拒心理,难以激发积极性,反而会令人丧失信心,对潜力的发掘和自身的发展极为不利。

当你在入睡之前,如果今天没有虚度年华,已经奋斗了,那么你就会发现原本充满悲伤的生活可以变得充满快乐,挫败可能会转化为成功。当贫穷困扰着你的生活时,你可以将它变成一种幸运。这时,充满失望的生活会变得妙趣横生,自己的教师职业规划即将实现。

二、插上教育科研的翅膀

新教师立志做名师,重要的是学会在成长的路上不留恋。与时俱进,不断完善教师职业规划,调整并确立更高、更远的目标。学会不断突破自我,进而不断超越自我,更新自我。对国家来说,科技是第一生产力。对教育来说,教育科研就是第一推动力。没有教育科研"发动机"的教育,很快就会沦为一潭死水。

(一) 坚信科研兴教的作用

目前,社会上普遍存在的一个思想误区是,具有教育科研能力是大学教授、教育科研专职人员的事,一线的中小学教师只要把课上好就行了。这样的想法既不利于教师的职业发展和专业成长,也不利于教育教学质量的持续提升。教育科研就是在行走中自我提升的关键,是解决教育教学中各种问题的关键。

教育科研也是自我反思的利器。"一张嘴走遍天下"的课堂形式和教学态度已经不适应当下的教学环境,更不适应新的教学形式。教师在日常教学过程中出现的问题,只有通过研究解决才能获得成长,只有在问题中反思,在反思中研究,才能不断进步。

（二）让学习成为一种习惯

新教师要想插上教育科研的翅膀，首先要做的就是把读书变成一种信仰。做教科研需要深入的学术思维、广博的知识面和专业的情报筛选能力，这些都需要通过读书去不断涵养。良好的阅读习惯既是教育科研能力的基础，也是成体系地构建自己的教育教学思维与行动系统的基础。养成读书的习惯是新教师从新手教师走上优师、名师之路的关键。

（三）行走在教育科研的道路上

新教师做教育科研可以先研究自己的学校，比如：学校的社区特点、生源特点是什么？学校的优缺点是什么？学校的发展规划目标是什么？教师在这样一所学校教书育人，难题是什么？如何解决？

更具体的是基于自己教育教学实践的教育科研开展，新教师可以想办法加入一些学校内外的教研圈子，并养成不断教学反思、创新的意识，逐渐找到教育研究的快乐。

新教师要学会坚守。新教师将自身完全沉浸于一个教育教学问题的细节中，而且能抵抗住过早作出下一步行动判断的诱惑，这是一种训练有素的行动，有时还需要勇气。因为教育问题固有的复杂性，所以最开始想到的一些点子要想真正有创新，可能性较小。不要因为有的想法与预想的观点相左就轻易否定，也不要向压力低头。为了使得到的灵感对教学改革有所帮助，必须进行教学技能研究、科学取向的研究（调查与统计分析、教学实验研究等）、人本取向的研究（行动、课例、个案、叙事研究等）、教学实践性知识与理论性知识互化的研究以及任务与过程分析研究（课堂观察、音像分析、深度会谈等）。

"教师即研究者"的取向决定了教师的课程研究者角色。而向"研究者"的角色转变，正是实现"思辨与实证"过程的途径。单纯的经验积累并不意味着教师的顺利成长和成熟，课堂教学研究才是教师专业成长的基本功。课程集中体现了教育思想和教育观念，是组织教育教学活动的主要依据。新教师不仅要运用自己的判断力来优化课程，以满足不同层次学生的需要，还要学会自己编制校本课程。

【案例】

坚持不懈　逐梦教育

大学一毕业,我就来到了弘文学校,一晃 16 个年头过去了。16 年来,我曾担任 11 年班主任、9 年党支部委员和 5 年校长助理,现任学校副校长。一路上,领导的器重、同伴的合作伴我成长。2014 年 12 月通过一级教师职称评审。2019 年 12 月通过高级教师职称评审。曾获上海市优秀班主任、奉贤区十佳班主任称号,获奉贤区师德标兵提名奖、奉贤区优秀骨干教师等荣誉称号。

回首过往,不禁想起王国维的"人生三境界"……

第一境界:"昨夜西风凋碧树,独上高楼,望尽天涯路"——梦在何方

那一年,我刚调到校务办,兼任党支部委员、团委书记、校务办副主任时,我的那份从容和自信荡然无存,怎么办?我感到万分焦急。我有幸成为上海市张人利德育实训基地的学员,感受高站位、大格局的中心城区名校风范,还得到了张校长在团队管理、教师专业发展、课程教学改革创新等方面的指导与帮助。张校长的高瞻远瞩,每一次的对话、分享都发人深思,让我明确自己该做一名怎样的管理者。

接着,我又成为奉贤区孙赤婴特级教师工作室的一员,和 14 位来自不同学校、不同学段的小伙伴一起行走在语文教学之路上。在孙老师的引领下,我们并肩作战,携手同行,勇敢追梦。一场场专家讲座、一次次课堂教学,思维火花的碰撞激励我们不断前行。作为一名语文教师,应该做什么,怎么做,才能走出职业的象牙塔,真正投身语文教学,走进生命的桃花源?一路上,我试图用豁达的胸襟去体验人生,用科学的态度去求证教育,用诗意的痴迷去耕种语文……让我明确自己该做一名怎样的语文教师。

那一年,我参加了区教育系统青年干部的培训。培训班的各种声音让我重新振作,明确了自己的目标。陆琴书记和施文龙局长的讲话让我深深思索,并调整心态重新定位。教育局领导的激励和鞭策让我明确自己该做怎样的青年干部。此时此刻,不再彷徨,路在脚下,目标在心中。

第二境界:"衣带渐宽终不悔,为伊消得人憔悴"——梦在心中

我知道,青年干部是党的事业的未来和希望,是学校领导班子建设的"源头活水"。从一定意义上说,青年干部能力素质的高低、品德修养的优劣、作风纪律

的好坏，对整个干部队伍建设乃至党的事业的发展都起着至关重要的作用。因此，作为一名青年干部要练好内功，不断提升自身素质，不辜负组织的培养和群众的信任。

立足本职，甘于奉献。那一年，作为教龄仅有4年的教师，我迎来自己的第一届初三学生。因为首次带初三，经验不足，所以要放弃一个班。一个是自己带了三年的班级，一个是自己担任班主任的班级，手心手背都是肉，最后我服从了学校的安排，放弃了自己担任班主任的班级。接到通知的那一刻，我还是忍不住在家大哭了一场。开学后，我调整心态，本着只要学生有进步，做什么都愿意的原则，边学边做。所带班级的中考语文成绩位居年级第一，我很是欣慰。

那一年，怀孕的我排除万难，坚守在自己一直呵护的学生身边。临近生产的前几天，虽然双脚浮肿得难以长时间站立，但我还是那般固执地走上了讲台，用自己沙哑的喉咙继续讲课。九月份开学，我又提前1个月结束产假，回到学校，毅然地陪伴九(1)班的学生们共同走完初三的岁月。一边是嗷嗷待哺的孩子，一边是面临中考的学生，都是我无法割舍的深情。

第三境界："众里寻他千百度，蓦然回首，那人却在灯火阑珊处"——追寻梦想

教育科研助我成长。在繁忙的事务性工作中，我始终留有时间来认真阅读各类专业书刊，学习先进的教育教学理论，力求在教师专业化发展的道路上行稳致远。主持的区级重点课题"基于核心素养培养目标体系下的学生人格教育的实践研究"已经结题；参与的市级课题"九年一贯阶梯式序列化阅读课程设计"也已顺利结题。撰写的《叩开"读写结合"之门》《探索课内外阅读衔接的结合点》《读书卡片在初中语文教学中的运用》等论文相继发表。

俗话说："得民心者一呼百应，失民心者一事无成。"今天，我们所看到的领导们、专家们无一不是为人坦荡、处事公正、工作态度认真……这让我们这些后辈感受到无穷的前行力量。我们看到他们如何带领学校在困境中崛起，如何带领教师在学习中成长，如何引领教育在探索中前行。他们每一人、每一事、每一文、每一句无不体现着务实的精神、扎实的学识和严谨的科研态度，他们所拥有的基本素养让人发自内心地信服、心服。

（上海市奉贤区弘文学校　沈琳莹）

新教师进行教育课题研究时,可根据要求选择自己擅长的或者自己感悟比较深的内容作为课题研究方向,进行选题,比如,教学、德育、家校共育、学生心理等。通过研究课题,学习应用现有的、先进的科研成果,探索教育现象背后的教育规律,从而不断地提高教育的针对性和教学质效。

后　　记

历经两年多的努力,《新教师师德七项修炼》终于和大家见面了。当捧起这本沉甸甸的书稿,细数成书之路,诸位著者深感来之不易。

师德修炼是一个永恒的话题。教师队伍的高质量,离不开对教师师德的高要求。2019年11月,教育部等七部印发《关于加强和改进新时代师德师风建设的意见》;2020年7月,教育部印发《中小学教师培训课程指导标准(师德修养)》。这些指导性意见的推出为师德修炼提供了保障。顺应国家与地区的发展需要,葆有时代特征是新时期师德建设的重要要求。

本书的打磨也是呈现作者对师德师风内涵理解不断深化的过程。在专家的指导下,大家深入研究,强化认识,克服时间、工作安排等各方面困难,以线上线下多种形式交流探讨,并持续推进写作。在推翻、重建的过程中,大家细心耕耘,耐心写作,最终在完成书稿的同时,还建立了师德研究共同体。

本书由徐莉浩、黄建龙设计和策划,其中,修炼一由徐莉浩、陈越阳撰写,修炼二由杨旻撰写,修炼三由路春雷撰写,修炼四由何建祖撰写,修炼五由富秀华撰写,修炼六由汪莲华撰写,修炼七由金志新撰写。全书由奉贤区教育局原局长蒋辉藻负责统稿。

在本书的撰写过程中,得到了各级领导和专家的热情指导和大力支持。上海市师资培训中心、奉贤区教育局有关领导为本书的顺利撰写和出版提供了大量帮助。感谢上海师范大学吴国平教授、上海市师资培训中心媒体研究部宁彦锋主任,上海教育出版社公雯雯老师等的悉心指导,感谢上海市师资培训中心教师专业发展管理部许伶萍主任为本书贡献的智慧和提供的帮助,感谢上海市师资培训中心德育与师德研究部俞慧文副主任等提供了大量的相关材料和指导帮助,感谢奉贤区多位教师为本书提供了丰富的案例资料。本书也引用了专家学者和教育界同行的观点、见解,在此一并表示感谢!

  德高为师,希望本书能够给新教师师德修炼以支持,助力新教师不断成长。

本书编写组
2022 年 9 月

图书在版编目（CIP）数据

新教师师德七项修炼 / 徐莉浩主编. — 上海：上海教育出版社，2022.11
ISBN 978-7-5720-1811-4

Ⅰ.①新… Ⅱ.①徐… Ⅲ.①师德-研究 Ⅳ.①G451.6

中国版本图书馆CIP数据核字(2022)第229971号

总 策 划　刘　芳　　宁彦锋
责任编辑　公雯雯　　袁　玲
书籍设计　王　捷

新教师师德七项修炼
徐莉浩　主编

出版发行	上海教育出版社有限公司
官　　网	www.seph.com.cn
地　　址	上海市闵行区号景路159弄C座
邮　　编	201101
印　　刷	上海颛辉印刷厂有限公司
开　　本	700×1000　1/16　印张 13.25
字　　数	212 千字
版　　次	2022年11月第1版
印　　次	2022年11月第1次印刷
书　　号	ISBN 978-7-5720-1811-4/G·1653
定　　价	56.00 元

如发现质量问题，读者可向本社调换　电话：021-64373213